노자 소감

노자 소감

2013년 6월 14일 초판 1쇄 펴냄

펴낸곳 (주)도서출판 삼인

글쓴이 이관옥
펴낸이 신길순
부사장 홍승권
편집 김종진 김하얀
미술제작 강미혜
마케팅 한광영
총무 정상희

등록 1996.9.16 제10-1338호
주소 120-828 서울시 서대문구 연희동 220-55 북산빌딩 1층
        (서울시 서대문구 성산로 312)
전화 (02) 322-1845
팩스 (02) 322-1846
전자우편 saminbooks@naver.com

제판 문형사
인쇄 영프린팅
제책 성문제책

ISBN 978-89-6436-065-1 03150

값 12,000원

노자
소감

이관옥

삼인

차례

이것이 도道라고 말할 수 있으면, 진짜 도道가 아니다.

뭐라고 이름 붙일 수 있으면, 진짜 이름이 아니다.

이름 없는 것에서 하늘과 땅이 비롯되었고

이름 있는 것에서 만물이 생겨났다.

그런 까닭에, 없음에서 늘 그 속을 보려 하고

있음에서 늘 그 거죽을 보려 한다.

이 둘은 본디 같은 것인데 밖으로 나오면 이름이 다르다.

그 같은 것을 일컬어 그윽함이라고 하거니와,

그윽하고 또 그윽해서 온갖 묘한 것들이 그리로 드나든다.

道可道, 非常道. 名可名, 非常名. 無名, 天地之始, 有名, 萬物之母. 故常無欲以觀其妙, 常有欲以觀其徼. 此兩者同, 出而異名. 同謂之玄, 玄之又玄, 衆妙之門.

인간의 말〔言語〕로 설명되지 않는 무엇을

몇 마디 말에 담아보려니 이렇게 말이 꼬일 수밖에.

그러나 어쩔 것인가?

말로 설명되지 않는 건너편 언덕이지만,

이 깊은 강을 건너기 위해서 우리가 탈 것 또한

'말'이라는 뗏목밖에 없는 것을!

정성껏 뗏목을 타고 가다 보면 문득,

말이 사라지는 순간을 만나지 않겠는가?

가보자.

세상 사람들이 저마다 아름다운 줄을 알아서
무엇이 아름답다고 하는데 그것이 역겨운 것이요,
저마다 좋은 줄을 알아서
무엇이 좋다고 하는데 그것이 안 좋은 것이다.
있음과 없음이 서로 낳고
쉬움과 어려움이 서로 이루고
잘남과 못남이 서로 꼴을 갖추고
높음과 낮음이 서로 기울고
듣는 소리와 내는 소리가 서로 어울리고
앞과 뒤가 서로 따른다.
그런 까닭에 성인은 일하지 않는 것으로 일하고
말없는 가르침을 베풀고
만물을 짓되 어느 하나 내치지 않고
낳되 낳은 것을 가지지 않고
하되 결과를 기대하지 않고
공을 이루되 그 자리에 머물지 않는다.
오직 머물지 않는 까닭에 사라지지 않는다.

天下皆知美之爲美, 斯惡已. 皆知善之爲善, 斯不善已. 故有無相生,
難易相成, 長短相形, 高下相傾, 音聲相和, 前後相隨. 是以聖人,
虛無爲之事, 行不言之敎, 萬物作焉而不辭, 生而不有, 爲而不恃,
功成而不居. 夫惟不居, 是以不去.

말을 아니 할 수 없으니 하기는 하되 함부로 단정하지 말 것!

무엇이 어떻다고 할 때,

그 '이렇다' 속에 처음부터 '그렇지 않다'가 들어 있으니,

이 비밀을 알고서야 어찌 발걸음을

"겨울 냇물 건너듯" 삼가지 않을 수 있겠는가?

잘난 놈 떠받들지 않아 백성들 싸우지 않게 하고

얻기 힘든 보물 귀하게 여기지 않아 백성들 훔치지 않게 하고

탐낼 만한 것 드러내 보이지 않아

백성들 마음 어지러워지지 않게 한다.

이런 까닭에 성인의 다스림은 마음을 비우고 배를 채우며

뜻을 약하게 하고 뼈를 강하게 하여,

언제나 백성으로 하여금 아는 게 없어서 바라는 것이 없게 하며

아는 자라 할지라도 감히 하지 못하게 한다.

하지 않음으로써 하면 다스려지지 않는 것이 없다.

不尙賢, 使民不爭. 不貴難得之貨, 使民不爲盜. 不見可欲, 使心不
亂. 是以聖人之治, 虛其心, 實其腹, 弱其志, 强其骨, 常使民無知
無欲, 使夫知者不敢爲也. 爲無爲則無不治.

잽싸고 똑똑하다는 말을 들을 만한 재목이 없는 건 아니다.

일에 따라서 그 방면에 남보다

뛰어난 능력을 지닌 자가 있게 마련이다.

잽싸고 똑똑한 사람이 해야 할 일 있으면

그런 사람을 쓸 일이다.

힘세고 우직한 사람이 해야 할 일 있으면

그런 사람을 쓰면 된다.

쓰되 누구를 누구보다 우대優待하지 말라는 거다.

직책에 따라서든 지위에 따라서든 사람을 차별하지 말라는 거다.

새벽부터 일한 사람과 해거름에 와서 일한 사람을

똑같이 대우하면 거기가 하늘나라다.

이것이 안 될 이유가 없는데 어째서 안 되는 걸까?

생각하건대 그것은 인간의 심보가 못돼먹었기 때문이 아니라

자기 정체를 제대로 알지 못하는 무지無知 때문이다.

도道는 텅 비어서 쓰고 써도 채워지지 않는 것 같다.

깊어라, 과연 만물의 근본 같구나.

날카로운 것을 무디게 하여 엉클어진 것을 풀고,

밝은 빛을 흐릿하게 하여 티끌과 하나 된다.

고요해라, 과연 거기 있는 것 같구나.

나는 그것이 누구한테서 나왔는지 모르겠다.

어쩌면 하느님보다 먼저인가?

道沖而用之, 或不盈. 淵兮, 似萬物之宗. 挫其銳, 解其紛. 和其光,
同其塵. 湛兮, 似或存. 吾不知誰之子. 象帝之先.

말 많은 사람이 말 없는 사람 못 이긴다.
사람이 아무리 대단해도 땅을 이기지 못함은
땅이 말을 하지 않아서다.
말 없는 사람이 틀 없는 사람 못 이긴다.
땅이 아무리 크고 넓어도 하늘 아래 있음은
하늘에 아무 틀이 없어서다.
틀 없는 사람이 꼴 없는 사람 못 이긴다.
하늘이 아무리 높아도 도道를 벗어나지 못함은
도道가 눈에 보이지 않아서다.
역발산기개세力拔山氣蓋世의 항우項羽도
없는 적을 무찌르지는 못한다.

하늘과 땅은 인정을 베풀지 않아

만물을 짚으로 만든 개처럼 여긴다.

성인은 인정을 베풀지 않아

백성을 짚으로 만든 개처럼 여긴다.

하늘과 땅 사이는 풀무와 피리 같아서,

텅 비어 막히지 않고 움직일수록 더 나온다.

말이 많으면 자주 막히니 중심을 지키느니만 못하다.

天地不仁, 以萬物爲芻狗. 聖人不仁, 以百姓爲芻狗. 天地之間, 其
猶槖籥乎. 虛而不屈, 動而愈出. 多言數窮, 不如守中.

피리는 속이 비어 있어서 소리를 낸다.

허공은 바닥이 없으니 아무리 써도 바닥날 리 없다.

세례자 요한은 자신을 가리켜,

"광야에서 외치는 이의 소리"라 했다.

제 입으로 소리를 내면서 소리 임자가 따로 있단다.

같은 것을 가리켜 어떤 이는 '진리'라 부르고,

어떤 이는 '참된 나'라 부르고,

어떤 이는 '무無'라 부르고,

어떤 이는 '하느님'이라 부르는데

모두 임시변통으로 부르는 가명假名들이니 무슨 상관인가?

피리 부는 이가 피리를 불려고 하는데

피리가 따로 제 소리를 낸다면 그런 낭패가 어디 있으랴?

골짜기 신神은 죽지 않거니와 일컬어 그윽한 어미라 한다.

그윽한 어미의 문을 하늘땅의 뿌리라 이르거니와

이어지고 이어져서 존재하는 것처럼 보인다.

그것을 쓰는데 아무리 써도 고단하지 않다.

谷神不死, 是謂玄牝. 玄牝之門, 是謂天地根. 綿綿若存, 用之不勤.

눈먼 채로 태어나지 않은 담에야
세상에 햇빛을 모른다고 할 사람은 없다.
하지만, 창세 이래 아직까지 아무도
눈으로 햇빛을 본 사람이 없다.
앞으로도 없을 것이다.
총알도 못 보는 눈으로 어찌 빛을 볼 수 있겠는가?

안다고 하지 마라.
모른다고도 하지 마라.

"일찍이 하느님을 본 사람은 없다."(요한복음 1:18)
"나를 보았으면 곧 아버지를 본 것이다."(요한복음 14:9)

내 몸은 내가 아니다.
내 몸을 보면서 나를 본다고 말하지 마라.
그러나 내 몸을 떠난 어디에서도 나를 볼 수 없다.

있음에 나아가 없음을 본다〔卽有以觀無〕.
문득 평안해져 있는 자신을 본다.

하늘은 길고 땅은 오래간다.

하늘과 땅이 길고 오랜 까닭은 스스로 살지 않아서다.

그래서 오래 산다.

그러기에 성인은 제 몸을 뒤로 돌려 사람들 앞에 세워지고,

제 몸을 가장자리로 내몰아 중심에 있다.

이것이야말로 자아가 없어서 그런 것 아닌가?

그래서 능히 자아를 이루는 것이다.

天長地久. 天地所以長且久者, 以其不自生. 故能長生. 是以聖人後
其身而身先, 外其身而身存. 非以其無私耶, 故能成其私.

공公과 사私를 분별하라고 우리는 배웠다.

그러나 그것이 가르침의 끝일 수는 없는 일이다.

공사를 분별하는 것이 사람됨의 완성이라면

어째서 붓다, 예수, 노자로부터 그 말을 들을 수 없는 건가?

오히려 그들의 가르침에 따르면,

우주가 공空이요 그래서 공共이요 따라서 공公이다.

사私란 본디 없는 물건이다.

그것이 따로 있다는 착각 때문에,

사私가 사邪로 되어 마침내 사死를 낳는다.

가장 좋은 것은 물과 같다.

물은 만물을 이롭게 하면서 다투지 않고

뭇 사람이 싫어하는 곳에 자리 잡으니,

그래서 도道에 가깝다.

몸은 낮은 땅에 두고

마음은 깊은 못처럼 그윽하고

사랑은 너그럽고

말은 미덥고

정치를 하면 잘 다스리고

일을 하면 능숙하고

움직임은 제때에 들어맞는다.

오직 다투지를 않는 까닭에 허물이 없다.

上善若水. 水善利萬物而不爭, 處衆人之所惡, 故幾於道. 居善地, 心善淵, 與善仁, 言善信, 政善治, 事善能, 動善時. 夫惟不爭, 故無尤.

인체의 70퍼센트가 물이라 했던가?
그렇다면 인생 70퍼센트는 물처럼 살아야 할 터인데,
오히려 제 공을 내세우고
세상과 다투며 살아가는 건 무엇인가?

물은 만물을 이롭게 하려고 흐르지 않는다.
어찌 물만 그러하랴?
불도 바람도 흙도…… 사람만 빼놓고
천하에 존재하는 모든 것이 '위하여'를 모른다.

오냐, 좋다.
이제부터 무엇이든지 억지로는 하지 않겠다.
하고 싶으면 하고 하기 싫으면 안 한다.
하기 싫은 일도 하지 않을 수 없으면 한다.
그러다가 부러지면 부러지고
그러다가 봉변당하면 봉변당하고
그러다가 죽으면 죽는 거다.
생각느니, 인생은 참 얼마나 쉬운 것인가!

지켜서 가득 채움은 그리 하지 않느니만 못하다.

벼려서 뽀족하게 하면 오래 보존 못한다.

집안에 가득한 재물은 좀처럼 지켜낼 수 없다.

부富해서 교만하면 스스로 허물을 남긴다.

공을 이루어 이름을 얻으면 몸을 뒤로 물리는 것이 하늘 길이다.

持而盈之, 不如其已. 揣而銳之, 不可長保. 金玉滿堂, 莫之能守.
富貴而驕, 自遺其咎. 功成名遂身退, 天之道.

공자께서 넘침과 모자람은 같은 것이라고 하셨다지만,

넘침보다 모자람이 낫다는 생각이 드는 요즘이다.

먹을 것이 넘쳐서 배불리 먹고 버리는 것은

먹을 것이 모자라 배고픈 것보다 훨씬 고약하다.

이쪽은 사람의 배를 괴롭힐 뿐이지만

저쪽은 사람의 얼을 썩게 만든다.

먹을 게 없어 굶는 것은 죄가 되지 않지만,

배불리 먹고 남은 음식 버리는 것은,

하루에 사만 명이 굶어죽는 지구별에서,

저와 남을 함께 죽이는 범죄행위다.

백魄에 혼魂을 실어 하나로 껴안는데

떨어지지 않게 할 수 있는가?

기氣를 오로지 하여 부드러워지는데 젖먹이처럼 될 수 있는가?

그윽한 거울을 닦는데 티 하나 없게 할 수 있는가?

백성 사랑하고 나라 다스리는데 아무 하는 일이 없을 수 있는가?

하늘 문 열고 닫는데 받아들이기만 할 수 있는가?

사방으로 두루 환하게 밝은데 아무것도 모를 수 있는가?

낳고 기르는데,

낳고서 가지지 않고

하고서 기대하지 않고

기르고서 주장하지 않으니,

이를 일러 그윽한 덕〔玄德〕이라 한다.

載營魄抱一, 能無離乎. 專氣致柔, 能如嬰兒乎. 滌除玄覽, 能無疵
乎. 愛民治國, 能無爲乎. 天門開闔, 能爲雌乎. 明白四達, 能無知
乎. 生之, 畜之, 生而不有, 爲而不恃, 長而不宰, 是謂玄德.

밤새 내린 눈이 마당에 쌓였다.

머슴 박 서방이 싸리비로 눈을 말끔 쓸었다.

주인이 보고 기분이 좋아서 묻는다.

"누가 저렇게 눈을 쓸었는고?"

대문 곁에 세워져 있는 싸리비가 답한다.

"제가 쓸었습니다."

주인이 싸리비에게 묻는다.

"네가 눈을 쓸었다고?"

싸리비가 으스대며,

"예, 보십시오. 이렇게 손발이 닳도록 쓸었습니다."

주인이 다시 묻는다.

"진정 네가 저 눈을 쓸었느냐?"

주인이 세 번째 거푸 묻자,

속으로 근심하여 한참 생각하던 싸리비가

기어들어가는 목소리로 답한다.

"아니올시다. 제가 아니라 박 서방이 쓸었습니다."

그날 마당에 쌓인 눈을 쓴 것이 과연 박 서방이었던가?

주인이 묻고자 하였으나, 박 서방은 거기 없었다.

바퀴살 서른 개가 구멍 하나에 모인다.

그 안에 아무것도 없어서 수레를 쓸 수 있다.

질흙을 이겨 그릇을 만든다.

그 안에 아무것도 없어서 그릇을 쓸 수 있다.

창을 내어 방을 만든다.

그 안에 아무것도 없어서 방을 쓸 수 있다.

있어서 이롭고 없어서 쓸모 있다.

三十輻共一轂. 當其無, 有車之用. 埏埴以爲器. 當其無, 有器之用.
鑿戶牖以爲室. 當其無, 有室之用. 故有之以爲利, 無之以爲用.

예수께서 제자들에게 이르셨다.
"나를 따르고자 하는 자는 자기를 부정하고
자기 십자가를 지고 따라야 한다."
당신과 함께 영생의 길을 걷고자 한다면,
당신이 그렇게 하셨듯이,
자기를 부정하고 자기 십자가를 지라는 말씀이다.

자기를 부정한다는 말과 자기 십자가를 진다는 말은
같은 뜻을 두 번 강조한 것이다.
십자가를 진다는 말은
고통당한다는 말이 아니라 죽는다는 말이다.

죽어 없어진 몸으로만 갈 수 있는 길!
비워서 차고
죽어서 사는 길!
역설逆說이 아니라 정설定說이다.

온갖 색깔이 사람 눈을 멀게 하고

온갖 소리가 사람 귀를 먹게 하고

온갖 맛이 사람 입을 상하게 하고

사냥질로 이리저리 뛰어다니는 것이 사람 마음을 미치게 하고

얻기 힘든 보화가 사람 걸음을 비틀거리게 한다.

하여 성인은 배를 위하고 눈을 위하지 않는다.

그래서 저것을 버리고 이것을 취한다.

五色令人目盲, 五音令人耳聾, 五味令人口爽, 馳騁田獵令人心發
狂, 難得之貨令人行妨. 是以聖人爲腹不爲目. 故去彼取此.

욕심에 사람 눈이 먼다.

탐나는 물건이 눈에 들어와 눈구멍을 막기 때문이다.

그러나 어찌 그 '탓'이 물건에 있으랴?

돈이 아니라 돈을 사랑하는 것이 일만 악의 뿌리다.

욕심에 눈이 먼 것은 물건이 아니라 나다.

그러니 책임도 나에게 있는 것이다.

책과 눈 사이가 삼십 센티미터일 때 가장 잘 보인다고 배웠다.

적당한 거리, 삼십 센티미터!

무엇을 보든지 욕심으로 하여금 이 거리를 말아먹지 못하게 하자!

눈은 밖을 좇고 배는 중심에 숨어 있다.

견문을 넓히겠다고 많은 경비 들여 세계 곳곳을 관광하느니

지금 있는 자리에서

자기의 중심으로 들어가는 오솔길을 탐색하자.

비교도 안 될 만큼 소중한 보물을 얻을 것이다.

사람이 천하를 얻고 자기를 잃으면 무슨 소용이겠느냐?

굄과 욕에 깜짝 놀라는 척한다.

큰 걱정거리를 제 몸처럼 귀하게 여긴다.

어째서 굄과 욕에 깜짝 놀라는 척한다고 말하는가?

굄은 아래로 내려주는 것인데,

그것을 얻으면 깜짝 놀라는 척하고

잃어도 깜짝 놀라는 척한다.

그래서 굄과 욕에 깜짝 놀라는 척한다고 말한 것이다.

어째서 큰 걱정거리를 제 몸처럼 귀하게 여긴다고 말하는가?

나에게 큰 걱정이 있음은 나에게 몸이 있기 때문이다.

내 몸이 없다면 나에게 무슨 걱정이 있겠는가?

그러므로 자기 몸 귀하게 여기듯 나라를 위하는 자에게

나라를 맡길 만하고,

자기 몸 사랑하듯 나라를 위하는 자에게 나라를 맡길 만하다.

寵辱若驚. 貴大患若身. 何謂寵辱若驚. 寵爲上, 辱爲下, 得之若驚,
失之若驚. 是謂寵辱若驚. 何謂貴大患若身. 吾所以有大患者, 爲吾
有身. 及吾無身, 吾有何患. 故貴以身爲天下者, 可以寄天下. 愛以
身爲天下者, 及可以託天下.

총애를 받는 것은 그 자체가 뜻밖의 일이니,

놀람으로 받아들이는 게 마땅하지만,

진짜로 놀라지 말고, 알고 보면 별것 아니니까,

그냥 놀라는 시늉만 하라는 얘긴데,

쇼를 하라는 말이 아니라, 놀라면서 놀라지 말라는 거다.

욕을 먹는 것도 그 자체가 뜻밖의 일이니,

놀람으로 받아들이는 게 마땅하지만,

진짜로 놀라지 말고, 알고 보면 별것 아니니까,

그냥 놀라는 시늉만 하라는 얘긴데,

쇼를 하라는 말이 아니라, 놀라면서 놀라지 말라는 거다.

늘 깨어 있어서 뿌리와 가지를 한눈에 보는 사람은

걱정거리를 걱정하지 않고 걱정하는 몸이 있음을 걱정한다.

내 몸이라고 고집할 것이 따로 없는 사람은,

이미 자연과 한 몸을 이루었다.

나라를 다스리는 것이 제 몸 다스리는 것과 다르지 않다.

그런 사람이 다스리는 나라가 있긴 있는가?

있다. 다만 그 나라는 저마다 제가 잘났다고 우기는 자들이

대권大權을 다투는 나라하고는 근본적으로 다르다.

보아도 보이지 않으니 이름을 이夷라 한다.

들어도 들리지 않으니 이름을 희希라 한다.

잡아도 잡히지 않으니 이름을 미微라 한다.

이 셋은 뭐라고 따질 수 없는지라

그러므로 서로 섞여서 하나를 이룬다.

그 위가 밝지 않고 그 아래가 어둡지 않고

이어지고 이어져서 따로 이름을 붙일 수 없다.

마침내 물物 없음으로 돌아가니

이를 일러 모양 없는 모양, 형태 없는 형태라고 한다.

이를 일러 홀惚하고 황惚하다 하거니와

앞에서 맞아도 머리를 볼 수 없고

뒤에서 좇아도 꼬리를 볼 수 없다.

옛적의 도道를 잡아 오늘을 다스리니

능히 옛 처음을 안다고 하겠는데,

이를 일러 도기道紀라 한다.

視之不見, 名曰夷. 聽之不聞, 名曰希. 搏之不得, 名曰微. 此三者,
不可致詰, 故混而爲一. 其上不曒, 其下不昧. 繩繩兮, 不可名. 復
歸於無物, 是謂無狀之狀, 無象之象. 是謂惚恍, 迎之不見其首, 隨
之不見其後. 執古之道, 以御今之有, 能知古始, 是謂道紀.

내 눈은 내가 아니다.

내 귀도 내가 아니다.

내 위장도 내가 아니요 내 발바닥도 내가 아니다.

내 이름도 내가 아니요 명예 또한 내가 아니니 체면인들 나랴?

이 모든 '나 아닌 것들'의 총합이 나다.

그러므로 나는 내가 아니다.

그러면 '나'는 세상에 없는 물건인가?

경허鏡虛가 고개를 넘다가 놀고 있는 아이들에게 말했다지.

"너희 가운데 나를 때리는 녀석 있으면 과자를 주마."

용감한 녀석 하나가 몽둥이로 늙은 중을 쳤것다.

"아, 이놈아, 나를 때리란 말이다."

"지금 때렸잖아요?"

"이놈아, 네가 진정 나를 쳤다면,

삼세제불三世諸佛과 모든 조사祖師를 한꺼번에 쳤을 게다.

어디, 나를 쳐보란 말이다!"

옛적 훌륭한 선비들은 미묘현통微妙玄通하여

그 깊이를 알 수 없다.

다만 알 수 없는 까닭에 억지로 모습을 그려보면,

머뭇거리기는 겨울 냇물 건너는 것 같고

망설이기는 사방 이웃을 어려워하는 것 같고

엄숙하기는 손님 같고

보드랍기는 이제 막 녹는 얼음 같다.

두터워라, 통나무 같은 모습이여.

넓어라, 골짜기 같은 모습이여.

흐릿하여라, 흙탕물 같은 모습이여.

누가 능히 스스로 흐려져서

가만히 있어 그것을 서서히 맑힐 것인가?

누가 능히 스스로 평안해서

오래 움직여 그것을 서서히 살릴 것인가?

이 도道를 모신 자는 더 이상 차고 넘치기를 바라지 않는다.

다만 넘치지 않는 까닭에, 낡아서 새로 짓지 않는다.

古之善爲士者, 微妙玄通, 深不可識. 夫惟不可識, 故强爲之容, 豫
兮若冬涉川, 猶兮若畏四隣, 儼兮其若客, 渙兮若氷之將釋, 敦兮其

若樸, 曠兮其若谷, 渾兮其若濁. 孰能濁以靜之徐淸. 孰能安以動之
徐生. 保此道者, 不欲盈. 夫惟不盈, 故能敝不新成.

한 사람이 죄인들을 사랑하여 스스로 죄인이 되었다.

그러나 그가 죄를 지은 것은 아니다.

그로 말미암아 죄인들이 거룩한 사람으로 바뀐다.

그 사람을 세상이 '그리스도'라고 부른다.

하느님이 기름 부어 왕으로 삼은 사람이라는 뜻이다.

한 사람이 언제나 한 자리를 고요히 지키면서

우주에 진동振動을 일으킨다.

그로 말미암아 잠들었던 중생이 깨어난다.

그 사람을 세상이 '붓다'라고 부른다.

스스로 눈뜬 사람이라는 뜻이다.

텅 비우기를 끝까지 하고,

고요하기를 정성껏 하여,

만물이 더불어 생겨나서 돌아가는 것을 나는 본다.

온갖 것들이 온갖 모양으로 바뀌지만

저마다 제 뿌리로 돌아간다.

뿌리로 돌아감을 일러 고요함(靜)이라 하고

고요함을 일러 명에 따름(復命)이라 하고

명에 따름을 일러 늘 그러함(常)이라 하고

늘 그러함을 아는 것을 일러 밝음(明)이라 한다.

늘 그러함을 모르면 괜히 흉한 짓을 한다.

늘 그러함을 알면 받아들이고,

받아들이면 공(公)이요,

공이면 왕(王)이요,

왕이면 하늘이요,

하늘이면 도(道)요,

도면 오래 감(久)이니, 몸은 사라져도 죽지 않는다.

致虛極, 守靜篤, 萬物並作, 吾以觀其復. 夫物芸芸, 各復歸其根.
歸根曰靜, 靜曰復命, 復命曰常, 知常曰明. 不知常, 妄作凶. 知常容, 容乃公, 公乃王, 王乃天, 天乃道, 道乃久, 沒身不殆.

대중목욕탕에 갔는데 아무개가 그날 첫 손님이었다.

욕조에 괸 물이 거울처럼 고요하여 발을 들여놓기가 미안했다.

일단 사람 몸이 들어가자,

거울 같던 수면이 깨어지면서 물결이 출렁거리기 시작했다.

한동안 숨을 죽이고 가만있으니

흔들리던 물결이 도로 고요해진다.

그때, 물결이 흔들리면서 고요함으로 돌아가는 것을 보았다.

출렁거리는 물의 움직임〔動〕이 곧 고요함〔靜〕의 다른 얼굴이었다.

세상이 시끄럽다고 떠드는 너부터 입 다물어라.

세상이 흔들린다고 들썩거리는 너부터 가만있어라.

어차피 욕조에 들어간 이상,

물과 네가 다른 몸이 아니지 않는가?

가장 큰 어른은 아랫사람들이 그가 있음을 안다.

그다음은 가까이 모시고 떠받든다.

그다음은 겁낸다.

그다음은 업신여긴다.

믿기지 않아서 안 믿는 것이다.

삼가 그 말을 귀하게 여기고 공을 이루어 일을 마치는데,

백성이 말하기를 우리가 스스로 그렇게 했다고 한다.

太上, 下知有之. 其次, 親之譽之. 其次, 畏之. 其次, 侮之. 故信
不足焉, 有不信. 猶兮, 其貴言, 功成事遂, 百姓皆曰, 我自然.

가을 들판에 오곡이 무르익는다.

사람들이 말하기를,

농부가 수고하여 지은 열매라 한다.

그것이 과연 농부의 결실인가?

하늘이 없고 땅이 없는데 농부가 농사를 짓는가?

콩이 없는데 농부가 콩을 기르는가?

그래도 하늘은 말이 없고 땅도 말이 없다.

자기 소유를 주장하지도 않는다.

모든 공功을 농부에게 떠넘기고 시치미를 뗀다.

사람들 가운데도 하늘 닮고 땅 닮은 이들이 간혹 있다.

그들은 말이 없다.

세상은 그들 덕분에 살면서 그들의 공을 모른다.

큰 도道가 무너져 인仁과 의義가 있다.

꾀가 나와서 큰 거짓이 있다.

육친六親이 화목하지 못해 효孝와 자慈가 있다.

나라가 어지러워 충신忠臣이 있다.

大道廢, 有仁義. 智慧出, 有大僞. 六親不和, 有孝慈. 國家昏亂,
有忠臣.

인仁과 의義가 있다는 말은,

불의不義와 불인不仁이 있다는 말이다.

사람들이 하늘 길에서 벗어날 때 그렇게 된다.

효孝가 있다는 말은,

불효不孝가 있다는 말이다.

사람들이 사람의 길에서 벗어날 때 그렇게 된다.

마차가 가지 않는다고 채찍으로 마차를 칠 것인가?

아니면 말을 칠 것인가?

물을 것도 없는 질문을 거듭거듭 묻지 않을 수 없을 만큼,

오늘 인간들의 세상이 뒤죽박죽이다.

모든 것이 인간의 자기-상실에서 오는 비극적 결실인데,

제도와 법을 뜯어고친다고 해서 수습될 일이랴?

잃은 물건은 잃은 곳에서 찾아야 하는 법.

성聖을 끊고 지智를 버리면 백성이 백배로 이롭다.

인仁을 끊고 의義를 버리면 백성이 효孝와 자慈로 돌아간다.

교巧를 끊고 이利를 버리면 도적이 없어진다.

이 세 가지는 무늬〔文〕인 까닭에 부족하다.

그러므로 어디에 속하려면,

바탕을 드러내고 순박함을 지키고

사私를 적게 하고 욕심을 줄이는 데 속할 일이다.

絶聖棄智, 民利百倍. 絶仁棄義, 民復孝慈. 絶巧棄利, 盜賊無有.
此三者以爲文不足. 故令有所屬, 見素抱樸, 少私寡欲.

"오직 인의仁義가 있을 따름입니다.

하필이면 이利를 말씀하십니까?"

맹자가 양나라 혜왕에게 했다는 말이다.

인仁과 의義는 유가儒家에서 으뜸가는 덕목이다.

그런데 그것을 버리고 끊으란다.

기독교 말로 하면,

하느님 사랑과 이웃 사랑을 하지 말라는 얘기다.

"당신이 하느님을 잡지 않으면 행복해질 수 없다고 생각한다면,

당신이 생각하는 그 '하느님'은

진짜 하느님과 아무 상관없는 하느님이다. ……

당신은 지금 하나의 개념concept을 붙잡고 있다.

때로 당신은 하느님을 만나기 위하여

'하느님'한테서 벗어나야 한다.

많은 신비주의 스승들이 우리에게 들려주는 말이다."

– 앤소니 드 멜로Anthony de Mello

배움을 끊어 근심을 없앤다.

예와 응, 두 대답 사이의 거리가 얼마나 되는가?

선과 악, 둘 사이의 거리가 얼마나 되는가?

사람들이 겁내는 것을 나도 따라서 겁내야 한다면,

그 황당함이란 도무지 끝이 없겠구나.

사람들은 저마다 밝고 밝아서 큰 잔치를 벌이는 것 같고

봄 동산에 오르는 것 같은데

나 홀로 두려워하기를,

첫 울음 울기 전의 젖먹이처럼 아무 낌새가 없구나.

떠돌고 떠돌기를 돌아갈 곳이 없는 자 같구나.

사람들은 저마다 넉넉한데 나 홀로 버려진 것 같도다.

나야말로 어리석은 자의 마음인가?

멍청하고 멍청하도다.

세상 사람들은 빛나고 빛나는데 나 홀로 어둡고

세상 사람들은 똑똑하고 똑똑한데 나 홀로 어수룩하여

아득하기가 바다 같구나.

쓸쓸하여라, 멈출 곳이 없는 자 같도다.

사람들은 모두 쓸모가 있는데 나 홀로 완고하고 비루하도다.

나 홀로 사람들과 달리 어미 먹기를 귀하게 여긴다.

絕學, 無憂. 唯之與阿, 相去幾何. 善之與惡, 相去何若. 人之所畏, 不可不畏. 荒兮, 其未央哉. 衆人熙熙, 如享太牢, 如春登臺. 我獨泊兮, 其未兆, 如嬰兒之未孩. 乘乘兮, 若無所歸. 衆人皆有餘, 而我獨若遺. 我愚人之心也哉. 沌沌兮. 俗人昭昭, 我獨若昏, 俗人察察, 我獨悶悶. 澹兮, 其若海. 飂兮, 似無所止. 衆人皆有以, 而我獨頑且鄙. 我獨異於人, 而貴求食於母.

참새도 날 저물면 돌아갈 둥지가 있고

여우도 황혼에 들어갈 굴이 있건만

나에게는 머리 둘 곳이 없다.

어째서?

이렇게 말씀하신 분이,

만물의 이치에 몸을 싣고

스스로 사私를 품지 않았기 때문이다.

그래서 그분은 날마다 머리 둘 곳이 없었지만,

바로 그 때문에, 땅 위의 모든 곳이 그분 안방이었다.

큰 덕德의 모양은 오직 도道를 따른다.

도道라는 물건은 다만 홀惚하고 황恍하여

그 가운데 상象이 있고

황恍하고 홀惚하여 그 가운데 물物이 있다.

그윽하면서 어두워 그 가운데 정精이 있고

그 가운데 신信이 있다.

예부터 오늘에 이르기까지 그 이름을 떠나지 아니하고

모든 것의 처음에 들어 있다.

나는 어떻게 모든 것의 처음이 그러한지를 아는가?

이로써 안다.

孔德之容, 唯道是從. 道之爲物, 惟恍惟惚. 惚兮恍兮, 其中有象.
恍兮惚兮, 其中有物. 窈兮冥兮, 其中有精. 其精甚眞, 其中有信.
自古及今, 其名不去, 以閱衆甫. 吾何以知衆甫之然哉. 以此.

"우리는 믿음이 있으므로

이 세상이 하느님의 말씀으로 창조되었다는 것,

곧 우리의 눈에 보이지 않는 것에서 나왔다는 것을 압니다."

- 바울로

눈에 보이는 저 한 그루 오동나무에서

눈에 보이지 않는 '나무'를 본다.

'나무'는 상象 없는 상象, 물物 없는 물物이다.

아무리 유능한 화가도

있으면서 없고 없으면서 있는 '나무'를 그리지는 못한다.

22

굽어서 온전해지고

휘어서 곧아지고

우묵해서 채워지고

부서져서 새로워지고

적어서 보태어지고

많아서 어지러워진다.

이로써 성인은 하나를 품어 천하의 법이 된다.

스스로 나타내지 않으니 그래서 밝고

스스로 옳다 하지 않으니 그래서 빛나고

스스로 자랑하지 않으니 그래서 공功이 있고

스스로 뽐내지 않으니 그래서 어른이 된다.

오직 다투지를 않아서, 그래서 세상 무엇도 저와 다투지 못한다.

이른바 굽어서 온전하다는 옛말이 어찌 헛소리겠는가?

진실로 온전해져서 그리로 돌아갈 일이다.

曲則全, 枉則直, 窪則盈, 敝則新, 少則得, 多則惑. 是以聖人抱一
爲天下式. 不自見故明, 不自是故彰, 不自伐故有功, 不自矜故長.
夫惟不爭, 故天下莫能與之爭. 古之所謂曲則全者, 豈虛言哉. 誠全
而歸之.

모든 나무의 밑동은 하나다.

가지가 아무리 많아도 한 밑동에서 나온 것들이다.

여럿을 모두 잡아서 하나를 잡는 길이 있고,

하나를 잡아서 여럿을 모두 잡는 길이 있다.

전자는 현실 같은 망상이고,

후자는 망상 같은 현실이다.

보이는 것에 눈먼 자는 전자에 매달리고,

보이지 않는 것을 보는 자는 후자에 착실하다.

23

자연은 말이 드물다.

회오리바람은 한나절 불지 않고

소나기는 하루 종일 내리지 않는다.

누가 그러는가?

하늘과 땅이 그런다.

하늘과 땅이 오래 못하는데 하물며 사람이랴?

그러므로 도道를 좇아서 일하는 자는,

도를 모신 자와 도로 같아지고

덕을 베푸는 자와 덕으로 같아지고

잃은 자와 잃음으로 같아진다.

도로 같아진 자는 도 또한 즐거이 그를 얻고

덕으로 같아진 자는 덕 또한 즐거이 그를 얻고

잃음으로 같아진 자는 잃음 또한 즐거이 그를 얻는다.

믿기지 않아서 안 믿는 것이다.

希言自然. 故飄風不終朝, 驟雨不終日. 孰爲此者, 天地. 天地尙不
能久, 而況於人乎. 故從事於道者, 道者同於道, 德者同於德, 失者
同於失. 同於道者, 道亦樂得之, 同於德者, 德亦樂得之, 同於失者,
失亦樂得之. 信不足, 有不信.

"산 아래로 흐르는 물은 흐르겠다는 뜻이 따로 없고
마을 어귀에 떠 있는 구름은 떠 있으려는 마음이 따로 없느니.
사람이 저 물과 구름처럼만 산다면
쇠막대기에 꽃이 피어 온 누리 가득 봄이리."

－차암수정此菴守靜

말을 하는데 물처럼 한다.
말은 있지만 말의 틀이 따로 없다.
좁으면 좁게 넓으면 넓게,
급하면 급하게 느리면 느리게, 자유自由다!

행동하는데 구름처럼 한다.
떠나고 머물고 서고 앉고 눕고 걷는데,
아무데도 걸리지 않고
누구에게도 묶이지 않는다, 무아無我다!

자유는 쟁취하는 것이 아니라 누리는 것.
처음부터 너에게 있는 물건을
무슨 수로, 누구한테서, 빼앗아 가진단 말인가?

24

발돋움하는 자 서지 못하고

가랑이를 한껏 벌리는 자 걷지 못한다.

스스로 드러내는 자 밝지 못하고

스스로 옳다 하는 자 빛나지 않고

스스로 자랑하는 자 공功이 없고

스스로 뽐내는 자 어른 되지 못한다.

그것들을 도道에 미루어 말하면

음식 찌꺼기요 군더더기 짓이라.

모두들 싫어한다. 때문에,

도道를 모신 자는 그런 짓을 하지 않는다.

跂者不立, 跨者不行. 自見者不明, 自是者不彰, 自伐者無功, 自矜
者不長. 其在道也, 曰餘食贅行, 物或惡之. 故有道者, 不處也.

사람들이 왜 발돋움을 하는가?

제 키를 제 키보다 높이려고 그런다.

사람들이 왜 가랑이를 한껏 벌리는가?

제 걸음을 제 걸음보다 빠르게 하려고 그런다.

그런데, 제 키보다 높이 서려다가 오히려 서지 못하고

제 걸음보다 빨리 걸으려다가 오히려 걷지 못한다.

키가 작으면 작은 키로 선다.

가랑이가 좁으면 좁은 가랑이로 걷는다.

그게 자연이다!

사람이 높이 서려다가 오히려 서지 못하고

빨리 가려다가 오히려 가지 못함은

자연을 거슬렀기 때문이다.

사람이 자연을 거스르는 것은 제가 저를 거스르는 것이다.

사는 날까지 살아지는 대로 산다.

그러다가 죽게 되면 죽는다.

그뿐이다.

무엇을 억지로 시도하여 저와 남을 괜히 괴롭힐 것인가?

25

한데 뒤섞여 이루어진 물物이 있다.

하늘과 땅이 생겨나기 전,

고요하구나.

텅 비었구나.

홀로 있으면서 변하지 않고

두루 다니면서 없어지지 않으니

과연 천하의 어미가 되겠다.

우리는 그 이름을 모르는지라,

일러 도道라 하고

억지로 이름 붙여 크다(大)고 한다.

커서 사라진다(逝) 하고

사라져서 멀다(遠) 하고

멀어서 돌아온다(反)고 하니, 그러므로

도가 크고 하늘이 크고 땅이 크고 왕 또한 커서

그 가운데 큰 것이 넷 있거니와

왕이 그 하나를 차지한다.

사람은 땅을 본받고

땅을 하늘을 본받고

하늘은 도를 본받고

도는 자연을 본받는다.

有物混成. 先天地生, 寂兮, 寥兮. 獨立而不改, 周行而不殆, 可以 爲天下母. 吾不知其名, 字之曰道, 强爲之名曰大. 大曰逝, 逝曰遠, 遠曰反. 故道大, 天大, 地大, 王亦大, 域中有四大, 而王居一焉. 人法地, 地法天, 天法道, 道法自然.

사람이 땅을 이기지 못하는 까닭은,
사람은 발이 있어 돌아다니는데 땅은 돌아다니지 않기 때문이다.

땅이 하늘을 이기지 못하는 까닭은,
땅은 잴 수 있는데 하늘은 잴 수 없기 때문이다.

하늘이 도를 이기지 못하는 까닭은,
하늘은 보이는데 도는 보이지 않기 때문이다.

도가 자연을 이기지 못하는 까닭은,
도는 만물에 작용하는데 자연은 아무 작용도 하지 않기 때문이다.

당신이 누구냐는 모세의 질문에 하느님은
"나는 나인 나다"라고 대답하신다.
그 말에는 "나는 스스로 있는 자연이다"라는 뜻과 함께
"너는 너 아닌 너다",
"너는 자연 아닌 자연이다"라는 뜻이 담겨 있다.

나 아닌 나에서 나인 나로 가는 길,

자연 아닌 자연에서 자연인 자연으로 가는 길,

그것을 일러 돌아감(反)이라 하였고

그것이 곧 도의 움직임(道之動)이라 하였다.

참으로, 모든 인생이 돌아가는 길이다.

26

무거움이 가벼움의 뿌리요 고요함이 시끄러움의 머리다.

그러기에 성인은 종일토록 길을 가면서,

양식 수레를 떠나지 않고

떠들썩한 구경거리가 있어도 가볍게 휘말려들지 않는다.

천자의 몸이 되어 어찌 그 몸으로 천하를 가벼이 여길 것인가?

가벼우면 뿌리를 잃고 시끄러우면 머리를 잃는다.

重爲輕根, 靜爲躁君. 是以聖人終日行, 不離輜重. 雖有榮觀, 燕處
超然. 奈何萬乘之主, 而以身輕天下. 輕則失根, 躁則失君.

일이 복잡할수록,

눈은 깊고

손발은 무겁고

마음은 차분할 것.

일과 일 사이,

그 무거운 고요를 잃지 말 것.

말과 말 사이,

그 깊은 침묵을 사랑할 것.

잘 가는 걸음은 발자국이 없다.

잘하는 말은 꾸밈이 없다.

잘하는 계산은 주판을 쓰지 않는다.

잘 닫은 문은 빗장이 없어서 열지 못한다.

잘 묶은 매듭은 밧줄을 쓰지 않아서 풀지 못한다.

이로써 성인은 언제나 사람을 잘 구해주는 까닭에

아무도 버리지 않는다.

언제나 상대를 잘 구해주는 까닭에 어떤 것도 버리지 않는다.

이를 일러 끊임없이 물려받은 밝음이라 한다.

그러기에 착한 사람은 착하지 못한 사람의 스승이요,

착하지 못한 사람은 착한 사람의 바탕이다.

제 스승을 귀하게 여기지 않고

제 바탕을 사랑하지 않으면

비록 아는 게 있다 하여도 크게 어두운 사람이다.

이것이 긴요한 묘妙가 된다.

善行無轍迹. 善言無瑕謫. 善計不用籌策. 善閉無關鍵而不可開. 善結無繩約而不可解. 是以聖人常善救人, 故無棄人. 常善救物, 故無棄物. 是謂襲明. 故善人者, 不善人之師, 不善人者, 善人之資. 不貴其師, 不愛其資, 雖智大迷. 是謂要妙.

저절로 되는 일을 하는데 힘들 까닭이 없다.
힘들지 않으니 자취도 남지 않는다.

운전에 미숙하여 핸드 브레이크를 걸어놓고 차를 몬다.
차는 가고 싶지 않다는 듯 덜덜거리며 억지로 간다.
제동 장치를 하고 동작을 하자니 겹으로 힘이 드는 셈인데,
어쩌면, 우리 살아가는 꼴이 이와 같구나!

어깨 힘만 빼도 얼마나 가벼운 인생길이랴.
하물며, 흐르는 물처럼 또는 바람처럼,
온몸의 힘을 빼고 걷는 길에 무슨 자취가 남을 것인가?

28

수를 알면서 암을 지키면 세상 냇물이 된다.

세상 냇물이 되면 한결같은 덕이 떠나지 않아

젖먹이로 돌아간다.

흰 것을 알면서 검은 것을 지키면 세상 법이 된다.

세상 법이 되면 한결같은 덕이 어긋나지 않아

끝없음으로 돌아간다.

영화를 알면서 욕됨을 지키면 세상 골짜기가 된다.

세상 골짜기가 되면 한결같은 덕이 넉넉하여 통나무로 돌아간다.

통나무를 깨어 그릇으로 삼는데

성인이 그것을 쓰면 관장官長이 된다.

그러기에 큰 마름질은 가르지 않는다.

知其雄, 守其雌, 爲天下谿. 爲天下谿, 常德不離, 復歸於嬰兒. 知
其白, 守其黑, 爲天下式. 爲天下式, 常德不忒, 復歸於無極. 知其
榮, 守其辱, 爲天下谷. 爲天下谷, 常德乃足, 復歸於樸. 樸散則爲
器, 聖人用之則爲官長. 故大制不割.

낮은 자리에서 낮게 살기도 쉬운 일은 아니다.
하지만 높은 자리에서 낮게 살기는 훨씬 더 어려운 일이다.
손만 내밀면 먹을 수 있는 어두육미를 두고
보리밥으로 만족한다는 것은 결코 쉬운 일이 아니다.
영화를 맛보면서 욕된 자리를 지키는 것은
아무나 할 수 있는 일이 아니다.

모든 것을 알면서 하나도 아는 게 없는 사람,
온갖 곳 돌아다니면서 아무데도 가지 않는 사람,
가지지 않은 것이 없으면서 맨손인 사람,
그런 사람이 젖먹이 통나무 되어 '하늘나라'에 들어간다.

29

장차 천하를 손에 넣고자 시도하는 자들이 있거니와

나는 그들이 얻지 못하는 것을 본다.

천하는 신神의 그릇이라 사람이 어쩔 수 없는 것이다.

일삼아 하는 자는 패敗하고 잡는 자는 잃는다.

그러기에 어떤 것은 앞에 가고 어떤 것은 뒤따르고

어떤 것은 호-하고 어떤 것은 후-하고

어떤 것은 세고 어떤 것은 여리고

어떤 것은 싣고 어떤 것은 털어낸다.

이로써 성인은 너무함을 버리고 사치를 버리고 거만을 버린다.

將欲取天下而爲之, 吾見其不得已. 天下神器, 不可爲也. 爲者敗之,
執者失之. 凡物或行或隨, 或呴或吹, 或强或羸, 或載或隳. 是以聖
人去甚, 去奢, 去泰.

무엇이 심甚하다면 그 무엇에 사람 욕심이 지나친〔過〕 까닭이다.

사람 손이 닿지 않는 자연에는 본디 심한 게 없다.

"오늘 바람이 심하게 분다"고 말하지만

심한 바람이 따로 있는 게 아니다.

바람은 언제 어디서나 제가 불 만큼 분다.

사람이 그렇게 느끼고 판단하는 것일 따름이다.

과식過食, 과욕過慾, 과로過勞, 과민過敏, 과속過速……

앞에 지나칠 과過를 붙여서 괜찮은 단어가 없다.

30

도道로 임금을 돕는 자는 군대로 천하를 강제하지 않는다.

일에는 값이 따르게 마련이다.

군대가 머문 곳에는 가시덤불이 자라고

큰 군대가 지나가고 나면 반드시 흉년이 든다.

일 잘하는 자는 한 번 일하고 만다.

감히 강제로 손에 넣고자 하지 않는다.

하고서 뽐내지 않는다.

하고서 자랑하지 않는다.

하고서 거만하지 않다.

하는데 마지못해서 한다.

하는데 억지로 하지 않는다.

무엇이든지 장壯하면 늙는다.

이를 일러 길 아닌 것〔不道〕이라고 하거니와,

길 아닌 것은 금방 끝난다.

以道佐人主者, 不以兵强天下. 其事好還. 師之所處, 荊棘生焉, 大
軍之後, 必有凶年. 故善者果而已. 不敢以取强. 果而勿矜. 果而勿
伐. 果而勿驕. 果而不得已. 果而勿强. 物壯則老. 是謂不道, 不道
早已.

사람 세상에 군대가 없을 수 없다고 하지만,

실은 없을수록 좋은 것이 군대다.

세상에 군대가 있음은 거기가 '하늘나라' 아님을 입증한다.

사람들이 '하늘군대'라고 말하지만 하늘나라에는 군대가 없다.

싸움이 없는데 어찌 싸움꾼이 있을 것인가?

하지만 사람이 이 세상에 몸담고 사는 동안,

군대 없는 데서 살 수는 없는 노릇이다.

성인도 때에 따라 군대를 일으킨다.

그러나 어디까지나 마지못해서다.

싸우지 않을 수 없어서 한 번 싸우고는

곧장 군대를 해산하여 평민으로 돌려보낸다.

승전勝戰을 축하하여 잔치를 벌이고 춤추는 짓은

성인이 다스리는 나라에서 있을 수 없는 일이다.

오히려 전장에서 죽어간 아군과 적군 병사들을 위하여

눈물 흘리며 슬퍼해야 한다.

싸움판에서 싸우지 않는 게 무위無爲가 아니다.

마지못해 한 번 싸우는 것이,

그리고 나서 얼른 치우는, 그것이 무위다.

31

훌륭한 군대란 상서롭지 못한 그릇이다.

사람들이 그것을 싫어한다.

그러기에 도道를 모시는 자는 거기에 몸을 두지 않는다.

군자가 평소에는 왼쪽을 귀하게 여기다가

군대를 부릴 적에는 오른쪽을 귀하게 여긴다.

군대란 상서롭지 못한 그릇이라, 군자가 쓸 물건이 못 된다.

마지못해 쓰더라도 조용히 담담하게 쓰는 것이 제일이다.

이겨도 아름다운 게 아니니,

그것을 꾸미는 자는 사람 죽이기를 즐기는 자다.

사람 죽이기를 즐기는 자는 천하에 뜻을 얻지 못한다.

좋은 일에는 왼쪽을 받들고 나쁜 일에는 오른쪽을 받든다.

편장군은 왼쪽에 서고 상장군은 오른쪽에 선다.

윗자리에 있는 자가 상가喪家의 예절로 처신함을 말한 것이다.

사람 죽이는 무리가 많으면 슬피 울 일이다.

전쟁에 이기면 상가의 예절로 마무리한다.

夫佳兵者, 不祥. 物或惡之. 故有道者, 不處. 是以君子居則貴左,
用兵則貴右. 兵者, 不祥之器, 非君子之器. 不得已而用之, 恬淡爲
上. 勝而不美, 而美之者, 是樂殺人. 夫樂殺人者, 不可得志於天下
矣. 故吉事尚左, 凶事尚右. 是以偏將軍處左. 上將軍處右, 言以喪

禮處之. 殺人衆多, 以非哀泣之. 戰勝, 以喪禮處之.

평소 왼쪽을 귀하게 여김은 그쪽으로 해가 뜨기 때문이다.

그런데 군대에서만큼은 왼쪽보다 오른쪽이 높은 자리다.

이겨도 져도 지는 해에 속한 것이 전쟁이기 때문이다.

전쟁에 이겼다고 축배 높이 들어 잔치를 벌인다면

그게 차마 인두겁을 쓰고서 할 일이겠는가?

세상에 제 아우를 죽이고 기뻐하는 자가 있겠느냐 하지만,

보라, 맨 그런 자들이 판을 치는 세상 아닌가?

32

도道는 이름이 없다.

통나무가 비록 작지만 아무도 감히 그를 부리지 못한다.

왕이 그것을 지킬 수 있으면,

만물이 스스로 그의 그늘에 깃들 것이다.

하늘과 땅이 서로 합하여 단 이슬을 내리는데,

사람이 시키지 않아도 절로 고르게 내린다.

처음 만들면 이름이 있게 되고,

일단 이름이 있으면 언제고 끝을 보게 마련이다.

그칠 줄을 알면 위태롭지 않다.

도道가 세상에 있음을 비유하자면,

냇물과 골짜기가 강과 바다로 흐르는 것과 같다.

道常無名. 樸雖小, 天下不敢臣. 王侯若能守, 萬物將自賓. 天地相
合, 以降甘露, 民莫之令而自均. 始制有名, 名亦旣有, 夫亦將知止.
知止, 所以不殆. 譬道之在天下, 猶川谷之於江海也.

길가에 나무 한 그루 서 있다. 해가 뜨자 그늘이 생긴다.

고단한 행인이 그늘에 들어 땀을 식히고,

한여름 매미는 가지에 붙어 사랑을 노래한다.

새들이 날아와 둥지를 틀고, 온갖 벌레들이 모여 잔치를 벌인다.

행인의 땀을 식혀주고 매미에 무대를 제공하고

새한테 둥지를 마련해주고

벌레들의 잔치마당이 되기 위하여

벌판에 선 나무가 따로 한 일이 있는가?

없다, 아무 한 일이 없다.

참으로 아무 한 일이 없는가?

있다. 나무가 지금도 하고 있으며

앞으로도 살아 있는 동안 계속할 일은,

하늘이 내려준 삶의 방식에 따라서

오직 그 법에 순종하며, 한 그루 나무로 존재하는 것이다.

몸을 천도天道에 맡기고 그냥 그렇게 있을 따름이다.

냇물과 골짜기가 강과 바다로 흘러가는가?

제 의지와 노력으로 흘러가는 건가?

아니다, 강물은 엔진이 없다!

33

남을 아는 자, 지혜롭다.

저를 아는 자, 밝다.

남을 이기는 자, 힘이 있다.

자기를 이기는 자, 강하다.

만족할 줄 아는 자, 부富 하다.

강행强行 하는 자, 뜻을 얻는다.

있을 자리를 잃지 않는 자, 오래간다.

죽어도 죽지 않는 자, 수壽한다.

知人者智. 自知者明. 勝人者有力. 自勝者强. 知足者富. 强行者有志. 不失其所者久. 死而不亡者壽.

남을 알면서 나를 모를 수는 있어도
나를 알고서 남을 모를 수는 없다.
남을 아는 것은 반쪽 앎이고
나를 아는 것은 옹근 앎이기 때문이다.
보름달이 반달보다 밝은 것이야 다시 이를 말이랴?

몸의 눈으로 밖을 내다보고
마음의 눈으로 안을 들여다본다.
참된 지혜와 부강富强의 길이 여기 있다.

대도大道의 크고 넓음이여, 좌가 되면서 우도 되는구나.

만물이 저로 말미암아 생겨나는데 내치지 않고,

공功을 이루는데 그 자리에 머무르지 않고

만물을 사랑으로 기르는데 주인 노릇 하지 않고,

언제 어디서나 무엇을 하려는 마음이 없으니

그 이름을 작음[小]이라 부를 수 있고,

만물이 그리로 들어가면서 저가 누군지를 모르니

그 이름을 큼[大]이라 부를 수 있다.

이로써 성인은 끝내 크려고 하지 않으니 그래서 능히 큰 것이다.

大道氾兮, 其可左右. 萬物恃之以生而不辭. 功成而不居. 愛養萬物
而不爲主, 故常無欲, 可名於小矣, 萬物歸焉而不爲主, 可名於大矣.
是以聖人以其終不自爲大, 故能成其大.

땅에서 하늘을 바라본다.

끝없는 하늘.

집〔宇宙〕이라 하지만 벽도 담도 없는 집이다.

우주는 '바깥'이 없다.

따라서 '안'도 없다.

한없이 크다. 그러니까 한없이 작다.

수학기호로 표시하자면 0〔零〕이다.

어디에나 있는데 어디에도 없는 하늘,

그 하늘 품에 안겨 하늘을 본다.

더없이 작은 제가 더없이 큰 저를 본다.

영원과 시간을 별개로 알고,

인간을 시공간에 갇힌 존재로만 아는 '관념'의 어리석음!

시간은 영원의 꽃이다.

여기가 하늘나라다.

내가 하늘을 보는 눈으로 하늘이 나를 본다.

"안과 밖을 합치고 너와 나를 고르게 하여

도의 큰 실마리를 드러낸다."

〔合內外平物我. 此見道之大端 － 莊子〕

35

큰 형상을 잡고 천하에 나아간다.

나아가면서 아무한테도 해를 끼치지 않으니

안安하고 평平하고 태泰하다.

음악과 음식이 지나는 길손을 멈추게 한다.

도道의 출구는 담담하여 맛이 없다.

보아도 보이지 않고

들어도 들리지 않아서

쓰고 써도 바닥이 나지 않는다.

執大象, 天下往. 往而不害, 安平泰. 樂與餌, 過客止. 道之出口,
淡乎其無味. 視之不足見, 聽之不足聞, 用之不可旣.

곡예사들이 그네 위에서 아슬아슬 재주를 부린다.

아무리 용해도 그네가 없는데 재주를 부릴 수 있는가?

그러면, 그네와 곡예사만으로 곡예가 가능한가?

어림없는 말씀!

그네 달아놓을 허공이 없으면,

없음으로 있는 허공이 없으면, 그네도 곡예도 없는 것이다.

아무리 재주 많은 사람도

앞뒤에 공간이 없으면 꼼짝도 못한다.

허공이 모든 것을 있게 하고 움직이게 한다.

허공虛空처럼 사는 허공虛公.

그 사람이 바로 큰 형상을 잡은 사람이다.

세상이 자기를 알아보지 못해도,

아예 없는 줄 알아도,

허공은 안安하고 평平하고 태泰할 뿐이다.

36

모으려면 반드시 펼치고

약하게 하려면 반드시 강하게 하고

무너뜨리려면 반드시 일으키고

빼앗으려면 반드시 준다.

이를 일러 세미한 밝음(微明)이라 한다.

부드러움이 단단함을 이기고

약함이 강함을 이긴다.

물고기가 물에서 벗어나면 안 되거니와,

나라에 이로운 그릇은 사람들한테 보여주는 것이 아니다.

將欲歙之, 必固張之, 將欲弱之, 必固强之. 將欲廢之, 必固興之.
將欲奪之, 必固與之. 是謂微明. 柔弱勝剛强. 魚不可脫於淵, 國之
利器不可以示人.

무엇을 없애려고 그것을 치면 더 왕성해진다.

세상 이치가 그렇게 되어 있다.

채소는 갈수록 약해지고

잡초는 갈수록 강해지는 이유가 여기 있다.

그러기에 이치를 아는 사람은,

어둠을 몰아내려고 어둠과 싸우지 않는다.

도道는 언제나 하는 일이 없으면서 하지 않는 일이 없다.

왕이 이를 능히 지키면 만물이 스스로 바뀔 것이다.

바뀌면서 바뀌려는 욕심을 품으면,

내가 이름 없는 바탕으로 진정시키리라.

이름 없는 바탕 또한 욕심낼 물건이 못 된다.

욕심 없이 고요하면 천하가 스스로 바르게 되리라.

道常無爲, 而無不爲. 王侯若能守, 萬物將自化. 化而欲作, 吾將鎭
之以無名之樸. 無名之樸, 亦將不欲. 不欲以靜, 天下將自正.

지구별이 얼마나 빠른 속도로 우주 공간을 돌고 있는가?

그러나 아무도 그 때문에 현기증을 느끼지 않는다.

초음속으로 달리는 지구가 이토록 한가롭고 고요한 것은,

지구로 하여금 자전과 공전을 하게 하면서

스스로는 아무 하는 일이 없는 허공 덕분이다.

이름 없는 바탕은 무엇과도 나뉘지 않는다.

모든 것을 있게 해주면서,

스스로는 어디에도 없는 도道가 그와 같다.

도道를 모시고 사는 사람이 성인이다.

그는 아무 하는 일이 없는데 그가 없으면 되는 일이 없다.

38

높은 덕[上德]은 덕을 베풀지 않거니와 그래서 덕이 있다.

낮은 덕[下德]은 덕을 잃지 않거니와 그래서 덕이 없다.

높은 덕은 덕을 베푸는데 없음으로 베푼다.

낮은 덕은 덕을 베푸는데 있음으로 베푼다.

높은 인仁은 사랑하는데 없음으로 사랑하고,

높은 의義는 의를 세우는데 있음으로 세운다.

높은 예禮는 예를 지키는데

응해주지 않으면 팔뚝 걷고 잡아당긴다.

그러므로 도道를 잃어서 덕德을 찾고,

덕을 잃어서 인仁을 말하고,

인을 잃어서 의義를 주장하고,

의를 잃어서 예禮를 차리는 것이다.

무릇 예란 충忠과 신信의 얇음이요 어지러움의 머리다.

예를 아는 것은 도道의 꽃이요 어리석음의 시작이다.

그래서 대장부는 두터움에 처하고 얇음에 처하지 않으며

열매에 머물고 꽃에 머물지 않는다.

그런 까닭에 저것을 버리고 이것을 취한다.

上德不德, 是以有德. 下德不失德, 是以無德. 上德無爲而無以爲.
下德爲之而有以爲, 上仁爲之而無以爲, 上義爲之而有以爲. 上禮爲
之而莫之應, 則攘臂而仍之. 故失道而後德, 失德而後仁, 失仁而後
義, 失義而後禮. 夫禮者, 忠信薄, 而亂之首也. 前識者, 道之華而
愚之始. 是以大丈夫處其厚, 不處其薄, 處其實, 不處其華, 故去彼
取此.

근본根本을 잡아 지엽枝葉을 다스리라는 얘기다.

우선 죽어가는 사람을 살려놓아야,

그가 인仁을 베풀든지 예禮를 지키든지 할 것 아닌가?

39

옛적에 '하나'를 얻은 것들이 있으니,

하늘이 하나를 얻어서 맑고

땅이 하나를 얻어서 든든하고

신神이 하나를 얻어서 신령하고

골짜기가 하나를 얻어서 가득 차고

만물이 하나를 얻어서 생겨나고

왕이 하나를 얻어서 천하를 바르게 하거니와,

그것들로 하여금 그리 하게끔 하는 것은 '하나'다.

하늘이 맑지 않으면 쪼개질까 겁나고

땅이 든든하지 않으면 깨어질까 겁나고

신이 신령하지 않으면 마를까 겁나고

골짜기가 가득 차지 않으면 바닥날까 겁나고

만물이 생겨나지 않으면 사라질까 겁나고

왕이 바르지 않아서 귀히 대접받지 못하면 거꾸러질까 겁난다.

그런 까닭에 귀한 것은 천한 것을 뿌리로 삼고

높은 것은 낮은 것을 바탕으로 삼는다.

왕이 스스로를 가리켜

외로운 자, 모자라는 자, 착하지 못한 자라 부르는데

말 그대로 천함을 그 뿌리로 삼은 것 아닌가?

그렇지 않은가?

그런즉, 수레를 헤아리면 수레가 없어지니

옥玉같이 아름답고자 할 것도 없고

돌같이 거칠고자 할 것도 없다.

昔之得一者, 天得一以淸, 地得一以寧, 神得一以靈, 谷得一以盈,
萬物得一以生, 王侯得一以爲天下正, 其致之一也. 天無以淸, 將恐
裂, 地無以寧, 將恐發, 神無以靈, 將恐歇, 谷無以盈, 將恐竭, 萬
物無以生, 將恐滅, 王侯無以正而貴高, 將恐蹶. 故貴以賤爲本, 高
以下爲基. 是以王侯自謂孤寡不穀. 此其以賤爲本耶, 非乎. 故致數
輿無輿. 不欲祿祿如玉, 落落如石.

"하나가 모두요 모두가 하나니
이를 제대로 알고 살면
무엇을 마치지 못할까 근심하겠느냐?"

　－신심명信心銘

천상천하에 오직 존귀한 '나'가 있을 뿐이다.
존재하는 모든 것이 그 '나'의 그림자요,
그래서 영원히 존재한다.
세상에, 없어지는 것은 없다.
끊임없이 모양을 바꿀 따름이다.

40

돌아감이 도道의 움직임이요
약함이 도의 작용이다.
천하 만물이 있음에서 생겨나고
있음은 없음에서 생겨난다.

反者, 道之動, 弱者, 道之用. 天下之物, 生於有, 有生於無.

예수의 '돌아온 둘째아들' 이야기가 말해주듯이,

아버지 집으로 돌아가는 것이 인생이요,

인간은 약해질 때 돌아간다.

그러나 떠나지 않고서 어찌 돌아갈 것이며

강해지지 않고서 어찌 약해질 것인가?

세상 천지에 도道의 작용 아닌 것 없고,

좋지 않은 것도 없고

돌아가지 않는 것도 없다.

다만 사람들이 그렇게 보지 않을 따름이다.

높은 선비는 도道를 듣고 그대로 한다.

중간 선비는 도를 듣고 그럴까 아닐까 미심쩍어한다.

낮은 선비는 도를 듣고 크게 웃는다.

그가 웃지 않으면 도道 되기에 부족하다.

그러므로 예부터 전해온 말에,

밝은 도는 어두운 것 같고

나아가는 도는 물러서는 것 같고

평탄한 도는 울퉁불퉁한 것 같고

높은 덕은 골짜기 같고

큰 칭찬은 욕하는 것 같고

너른 덕은 모자라는 것 같고

덕을 세우는 것은 게으른 것 같고

질質의 참된 유지는 변덕스러운 것 같고

큰 반듯함에는 모서리가 없고

큰 그릇은 더디 만들어지고

큰 소리는 잘 들리지 않고

큰 모양은 꼴이 없다고 했다.

도道는 숨어 있어서 이름이 없으니,

오직 도道라야 잘 빌려주고 잘 이룰 수 있다.

上士聞道, 勤而行之. 中士聞道, 若存若亡. 下士聞道, 大笑之. 不笑, 不足以爲道. 故建言有之, 明道若昧, 進道若退, 夷道若纇, 常德若谷, 太白若辱, 廣德若不足, 建德若偸, 質直若渝, 大方無隅, 大器晚成, 大音希聲, 大象無形. 道隱無名, 夫惟道, 善貸且成.

지금까지 너희는 그렇게 배웠지만

나는 이렇게 가르친다는 예수 말씀에,

비웃는 자들도 있었고

반신반의하는 자들도 있었고

그대로 살고자 애쓴 자들도 있었다.

그가 질質 높은 선비인지 낮은 선비인지는

그에게 학식이 얼마나 있는지와 아무 상관이 없다.

42

도道가 하나를 낳고

하나는 둘을 낳고

둘은 셋을 낳고

셋은 만물을 낳는다.

만물은 음陰을 지고 양陽을 품으며

텅 비어 가득 찬 기氣로 조화를 이룬다.

사람들이 싫어하는 것이

외로움, 모자람, 착하지 못함인데

왕이 그것들로 칭호를 삼는다.

그러므로 사물들은 덜어서 보태지기도 하고

보태서 덜어지기도 한다.

사람들이 가르치는 것을 나도 가르친다.

억센 자가 제 명대로 죽지 못하니,

이것으로 장차 내 가르침의 아비를 삼으리라.

道生一, 一生二, 二生三, 三生萬物. 萬物負陰而抱陽, 沖氣以爲和.
人之所惡, 唯孤寡不穀, 而王公以爲稱. 故物或損之而益, 益之而損.
人之所敎, 我亦敎之. 强梁者不得其死, 吾將以爲敎父.

세상에 하늘만 있으면 하늘은 없는 것이다.

저밖에 없는 존재는 없는 존재다.

하늘이 혹 스스로 '있음'을 안다 해도,

하늘 아닌 무엇이 없으면 그 '있음'이 실현되지 않는다.

실현되지 않는 존재는 없는 존재다.

하늘은 땅이 있어서 하늘이요 땅은 하늘이 있어서 땅이다.

'우주'라는 거대한 이름 안에는 하늘과 땅이 함께 들어간다.

하늘과 땅뿐 아니라, 그 사이에 존재하는 것들이 모두 들어간다.

내 몸에 있는 것들이 모두 나이듯이,

우주에 있는 것 모두가 우주다.

별도 우주요 뒤란에 피어난 할미꽃도 우주다.

우주에는 우주 아닌 것이 없다.

그래서 우주는 바깥이 없다.

바깥이 없으니 따라서 안도 없다.

우주는 안팎이 없고 안팎이 없는 우주는 없는 물건이다.

없음으로 있는 우주를 가리켜,

하느님이라 불러도 좋고 하나님이라 불러도 좋다.

43

천하에 가장 부드러운 것이 천하에 가장 단단한 것을 부린다.

있지 아니함으로 틈 없음에 들어간다.

이로써 나는, 하지 않음[無爲]의 이로움을 알겠다.

말없는 가르침, 하지 않음의 이로움,

이에 도달하는 자 참으로 드문 세상이다.

天下之至柔, 馳騁天下之至堅. 無有, 入於無間. 吾是以知無爲之有
益. 不言之敎, 無爲之益, 天下希及之.

남녀 간에 성교性交를 경험해본 사람은 알 것이다.

부드러움이 어떻게 단단함을 부리는지.

그리고 그 단단함이,

부드러움 안에서 어떻게 무너지는지.

이름과 몸, 어느 쪽이 가까운가?

몸과 재물, 어느 쪽이 많은가?

얻음과 잃음, 어느 쪽이 병인가?

그러기에 너무 아끼면 반드시 크게 버리고

많이 쌓아두면 반드시 두텁게 잃는다.

만족할 줄 알면 욕되지 않고

그칠 줄 알면 위태롭지 않으니

그래서 오래갈 수 있다.

名與身, 孰親. 身與貨, 孰多. 得與亡, 孰病. 是故甚愛, 必大費, 多藏, 必厚亡. 知足不辱, 知止不殆, 可以長久.

이름과 몸, 어느 쪽이 더 가까우냐고 묻는 게 아니다.

굳이 견주어 말한다면야 몸이 이름보다 가깝다 하겠지만,

가까워봤자 오십보백보다.

얻음과 잃음, 둘 가운데 어느 쪽이 병이냐는 물음도 아니다.

병이 되려면 얻음도 병이고 잃음도 병이다.

이름이나 몸이나,

몸이나 재물이나,

얻음이나 잃음이나,

가깝다 하면 가깝고 멀다 하면 먼 것들이다.

멀고 가깝고, 많고 적고, 얻고 잃고,

그런 것들은 잠깐 그렇게 보일 따름이다.

문제의 핵심은 적절한 데서 그칠 줄 아는 데 있다.

45

크게 이룸은 모자라는 것 같아 써도 닳지 않는다.

크게 채움은 텅 빈 것 같아 써도 바닥나지 않는다.

크게 곧음은 굽은 것 같고,

큰 솜씨는 서투른 것 같고,

큰 웅변은 어눌한 것 같다.

바삐 움직여 추위를 이기고 가만있어 더위를 이긴다.

맑고 고요함으로 천하를 바르게 한다.

大成若缺, 其用不敝. 大盈若沖, 其用無窮. 大直若屈, 大巧若拙,
大辯若訥. 躁勝寒, 靜勝熱. 淸淨, 爲天下正.

슬기로워 보이는 자는 슬기로운 자가 아니다.
진정으로 슬기로운 자는 어수룩해 보인다.
그를 알아보는 자에게는 현자賢者지만
알아보지 못하는 자에게는 바보다.

"하느님께서 하시는 일이 사람의 눈에는 어리석어 보이지만
사람들이 하는 일보다 지혜롭고,
하느님의 힘이 사람 눈에는 약하게 보이지만
사람의 힘보다 강합니다." - 바울로

"멸망할 사람들에게는 십자가의 이치가
한낱 어리석은 생각에 불과하지만,
구원받을 우리에게는 곧 하느님의 힘입니다." - 바울로

그래서 바울로 성인은 우리에게 권한다.

"정말 지혜로운 사람이 되려면 바보가 되시오."

46

천하에 도道가 있으면 달리는 말을 끌어다 밭을 일군다.

천하에 도道가 없으면 군마를 가까운 들판에 키운다.

욕심내는 것보다 큰 죄가 없고

만족할 줄 모르는 것보다 큰 화禍가 없고

욕심내어 얻는 것보다 큰 허물이 없다.

그러기에 지금 있는 것으로 만족할 줄 알면 언제나 만족스럽다.

天下有道, 卻走馬以糞. 天下無道, 戎馬生於郊. 禍莫大於不知足, 咎莫大於欲得. 故知足之足, 常足矣.

천하에 도道가 있다는 말은

사람들이 도를 좇아서 산다는 말이다.

천하에 도道가 없다는 말은

사람들이 도를 거슬러 산다는 말이다.

도를 좇아서 사는 사람은,

자기가 '도를 모신 사람'이면서

'자기 몸으로 사는 도'인 줄을 안다.

그러니 늘 넉넉할 수밖에.

도道에는 없는 것이 없으니까.

세상에 자기한테 없는 것이 없으니까.

"우주 안에 있는 모든 것이 네 안에 있다.

너한테서 구하여라."-루미

47

문밖을 나서지 않고 천하를 안다.

창밖을 엿보지 않고 하늘 길을 본다.

멀리 나아갈수록 아는 게 적어진다.

그래서 성인은 가지 않고 알며,

보지 않고 이름 지으며,

하지 않고 이룬다.

不出戶, 知天下. 不窺牖, 見天道. 其出彌遠, 其知彌少. 是以聖人
不行而知, 不見而名, 不爲而成.

문밖을 나서지 않고도 천하를 아는 게 아니라,

문밖을 나서지 말아야 천하를 안다.

마땅히 알아야 할 천하가

문밖이 아니라 문 안에 있기 때문이다.

아버지 안에 나 있고 내 안에 아버지 있다.

나한테도 아버지한테도 '밖'이 없다.

나와 천하 또한 마찬가지다.

배우는 일은 날마다 보태고

도道 닦는 일은 날마다 덜어낸다.

덜고 또 덜어, 하지 아니함에 이른다.

하는 일이 없으면서 안 하는 일이 없다.

그런 까닭에 천하를 손에 넣는다.

언제나 따로 하는 일이 없다.

하는 일이 따로 있으면,

천하를 손에 넣기에 부족하다.

爲學日益, 爲道日損. 損之又損, 以至無爲. 無爲而無不爲. 故取天下. 常以無事. 及其有事, 不足而取天下.

날마다 보태는 일과 날마다 덜어내는 일이

상반되는 것 같지만 사실은 서로 지탱해준다.

일주문一柱門 기둥 하나가 무너지면 문이 무너진다.

책을 많이 읽는 것과 읽은 책을 버리는 것은,

먹는 일과 싸는 일이 다른 일 같지만 같은 일이듯이,

서로 다른 일 같지만 실은 같은 일이다.

먹지 않고서는 쌀 수 없고 싸지 않고서는 먹을 수 없다.

먹고 싸고 하는 사이에 아이는 어른 되고 어른은 아이 된다.

49

성인은 한결같은 마음이 없으니,

백성의 마음을 자기 마음으로 삼는다.

선한 자를 내가 선하게 대하고

선하지 않은 자 또한 내가 선하게 대하니,

덕德은 선한 것이다.

미더운 자를 내가 믿어주고

미덥지 않은 자 또한 내가 믿어주니,

덕은 믿는 것이다.

성인이 세상에 머물러 있으면서

삼가는 마음으로 사람들과 그 마음을 섞는데

백성이 저마다 귀와 눈을 모아 바라보되,

성인은 어린아이로 모두를 대한다.

聖人無常心, 以百姓心爲心. 善者, 吾善之, 不善者, 吾亦善之, 德
善矣. 信者, 吾信之, 不信者, 吾亦信之, 德信矣. 聖人之在天下, 歙
歙爲天下渾其心, 百姓皆注其耳目, 聖人皆孩之.

내 몸의 창자가 나라면 그 속에 꿈틀거리는 회충도 나다.

창자가 원하는 것은 내가 원하는 것이다.

따라서 회충이 원하는 것도 내가 원하는 것이다.

회충의 뜻이 무시되는 것은 내 뜻이 무시되는 것이고,

창자의 희망이 이루어지는 것은 내 희망이 이루어지는 것이다.

신神의 뜻이 따로 있다는 착각의 어리석음이여!

내가 바라는 것을 그도 바란다.

내가 먹는 것을 그도 먹는다.

내가 없으면 그도 없기 때문이다.

50

나와서 삶이요 들어가서 죽음이다.

살아 있는 무리가 열에 셋이요

죽어 있는 무리가 열에 셋이요

살아서 움직여 죽는 자리로 가는 무리 또한 열에 셋이다.

어째서 그러한가?

어떻게든지 살고자 하는 마음이 두터워서다.

듣자니, 삶을 잘 다스리는 자는

뭍을 걸어도 코뿔소와 호랑이를 만나지 않고

군대에 들어가도 갑옷과 무기를 꺼리지 않거니와,

코뿔소가 뿔로 받을 데가 없고

호랑이가 발톱으로 할퀼 데가 없고

병사가 창칼로 찌를 데가 없다고 했다.

어째서 그러한가?

죽는 자리가 따로 없기 때문이다.

出生入死. 生之徒十有三, 死之徒十有三, 人之生動之死地者, 亦十
有三. 夫何故, 以其生生之厚. 蓋聞, 善攝生者, 陸行不遇兕虎, 入
軍不避甲兵, 兕無所投其角, 虎無所措其爪, 兵無所容其刃. 夫何故,
以其無死地焉.

살아서 '삶'에 매달리지 않고 죽어서 '죽음'에 갇히지 않는다.

살아서 삶에 매달리지 않는 자라야

죽어서 죽음에 갇히지 않는다.

그래서 어쨌단 말이냐?

그게 그런 줄 알라는 얘기다.

살아 있으면서 살아 있으려고 아등바등 노심초사하려면 하라.

아무도 말리지 않는다.

하지만, 그런다고 해서 언제까지 살 수 있는 것도 아니고

제대로 살아지는 것도 아니라면, 좀 우습지 않은가?

51

도道는 낳고 덕德은 기르고 물物은 꼴을 빚고 세勢는 이룬다.

그래서 만물이 도를 높이고 덕을 귀하게 아니 여기지 못한다.

도가 높고 덕이 귀한 것은,

벼슬로 내려받은 것이 아니라 절로 그런 것이다.

그런 까닭에 덕이 그것을 낳고 돌보고 기르고 키우고

익히고 여물게 하고 보살피고 덮어준다.

낳되 가지지 않고 하되 기대하지 않고 기르되 주관하지 않으니,

이를 일러 그윽한 덕[玄德]이라 한다.

道生之, 德畜之, 物形之, 勢成之. 是以萬物莫不尊道而貴德. 道之
尊, 德之貴, 夫莫之爵而常自然. 故道生之, 畜之, 長之, 育之, 亭
之, 毒之, 養之, 覆之. 生而不有, 爲而不恃, 長而不宰, 是謂玄德.

하늘이 무슨 일을 따로 하는가?

아무 일도 하지 않는다.

덕분에 하늘 아래 모든 것이 태어나고 자라고 익어간다.

만일 하늘이 무엇을 따로 한다면?

세상은 순식간에 뒤죽박죽 엉망진창이 되겠지.

아무것도 따로 하지 않으니

내세워 뽐낼 것도 없고 고개 숙여 풀죽을 것도 없다.

그래서 하늘은 늘 저렇게 맑다.

결국, 사람이 하늘에서 왔으니 하늘을 닮으라는 얘기다.

왼손이 하는 착한 일을 오른손이 모르면 왼손도 모르는 거다.

그렇게 사는 사람이 하늘 닮은 사람이다.

52

천하에 시작이 있어서 천하의 어미가 된다.

어미를 얻고서 그 자식을 알고,

자식을 알고서 그 어미를 지키면 몸은 사라져도 죽지 않는다.

쾌감을 막고 그 문을 닫으면 종신토록 고단하지 않다.

쾌감을 열고 일을 만들어 하면 종신토록 구제받지 못한다.

작은 것을 보아야 밝다 할 수 있고,

부드러움을 지켜야 강하다 할 수 있다.

빛을 써서 다시 밝음으로 돌아가면 몸에 재앙이 남지 않으리니,

이를 일러 한결같음을 속에 간직함[襲常]이라 한다.

天下有始, 以爲天下母. 旣得其母, 以知其子, 旣知其子, 復守其母,
沒身不殆. 塞其兌, 閉其門, 終身不勤. 開其兌, 濟其事, 終身不救.
見小曰明, 守柔曰强. 用其光, 復歸其明, 無遺身殃, 是謂襲常.

다만 뿌리를 얻고자 애쓰되 가지를 걱정하지 말라고 했다.

옳은 말이다. 그러나 이 말을,

뿌리만 잡고 가지를 버리라는 말로 읽어서는 곤란하다.

가지가 버려지면 뿌리도 버려지기 때문이다.

이웃 사랑보다 하느님 사랑이 먼저인 것은 사실이나,

하느님을 사랑한다는 이유로 제 이웃을 버리면

버림받은 것은 이웃보다 먼저 하느님이다.

도道를 공부한답시고 사람을 멀리하면

도를 공부하는 것이 아니라고 했다.(『중용中庸』13장)

빛을 써서 밝음으로 돌아간다는 말은,

비譬하자면, 이웃 사랑으로 하느님을 사랑한다는 말이다.

가지에 매이지 않고 가지를 돌보는 것이 뿌리를 돌보는 것이다.

사람에 매이지 않고 사람을 사랑하는 것이

하느님을 사랑하는 것이다.

53

가령 내가 무엇을 알아서 큰 길(大道)로 다스리게 한다면,

다만 베풀 따름이요 이를 두려운 마음으로 하겠다.

큰 길이 평탄한데 사람들은 샛길을 좋아한다.

조정을 지나치게 꾸미느라고

밭이 황폐하고 헛간은 텅 비었는데도,

사치스러운 옷을 입고

날카로운 칼을 차고

먹은 음식 게우고

재화가 남아도니,

이를 일러 도둑의 호사豪奢라 한다.

길이 아니다.

使我介然有知, 行於大道, 惟施是畏. 大道, 甚夷, 而民好徑. 朝甚
除, 田甚蕪, 倉甚虛, 服文采, 帶利劍, 厭飮食, 財貨有餘, 是謂盜
夸. 非道哉.

아무 일도 하지 않는 것보다 쉬운 일이 있을까?

유명해지려고 애쓰지 않는 것보다 마음 편한 일이 있을까?

낮은 데로 내려가기보다 힘 안 드는 일이 있을까?

그런데, 아무 일 안 하기가 이렇게 어렵고

이름 없이 살기가 이렇게 억울하고

낮은 데로 내려가기가 이렇게 힘든 것은 어째서일까?

큰 길로 가려 하지 않기 때문이다.

다르게 말하면, 저 자신을 등지고 살기 때문이다.

54

잘 세운 것은 무너지지 않고

잘 품어 안은 것은 벗어나지 않아서

자손의 제사가 그치지 않는다.

그것을 몸에 닦으면 덕이 참되고

그것을 집안에 닦으면 덕이 남아돌고

그것을 마을에 닦으면 덕이 오래가고

그것을 나라에 닦으면 덕이 두텁고

그것을 천하에 닦으면 덕이 널리 번친다.

그런 까닭에 몸으로 몸을 보고,

집으로 집을 보고,

마을로 마을을 보고,

나라로 나라를 보고,

천하로 천하를 본다.

천하가 그러함을 내가 어찌 아는가?

이로써 안다.

善建者，不拔，善抱者，不脫，子孫，以祭祀不輟. 修之身，其德乃
眞，修之家，其德乃餘，修之鄕，其德乃長，修之邦，其德乃豊，修
之天下，其德乃普. 故以身觀身，以家觀家，以鄕觀鄕，以邦觀邦，
以天下觀天下. 吾何以知天下之然哉，以此.

내가 꿈에 길을 잃고 헤매는 것은,

길 잃고 헤매는 꿈을 꾸는 내가 있다는 말이다.

내가 여기 있는 것은,

나를 여기 있게 한 내가 있다는 말이다.

여기 있는 나를 말미암지 않고서,

나를 여기 있게 한 나를 어찌 볼 수 있겠는가?

그러나 여기 있는 나한테 묶여 있는 한,

나를 여기 있게 한 나를 만날 수 없는 것이다.

'나'라는 뗏목을 타지 않고서는

'나'를 만나러 강江을 건널 수 없는데,

이 강의 이름 또한 '나'다.

집안이니 마을이니 나라니 천하니,

말은 여럿이지만 모두 '나'의 다른 이름들이다.

55

머금은 덕德의 두터움이 갓난아이에 견줄 만하면

독벌레가 쏘지 않고

사나운 짐승이 덮치지 않고

독수리가 채지 않는다.

뼈가 약하고 근육이 부드러워도 단단하게 움켜잡고

남녀관계를 몰라도 고추가 발끈 서니

이는 정精이 지극해서다.

종일 울어도 목이 쉬지 않으니

이는 부드러움이 지극해서다.

부드러움을 알면 일컬어 한결같다 하고

한결같음을 알면 일컬어 밝다고 한다.

살려고 애쓰는 것을 재앙이라 하고

마음으로 기氣 쓰는 것을 억지라 한다.

사물이 장壯하면 늙으니 일컬어 도道 아님이라 한다.

도道 아니면 일찍 끝난다.

含德之厚, 比於赤子, 毒蟲不螫, 猛獸不據, 攫鳥不搏. 骨弱筋柔而
握固, 未知牝牡之合而朘作, 精之至也. 終日號而不嗄, 和之至也.
知和曰常, 知常曰明. 益生曰祥, 心使氣曰强. 物壯則老, 是謂不道.
不道早已.

어린아이처럼 된 사람이 천국에 산다고 했다.

옳으신 말씀이다.

내 뜻이 따로 없고〔无意〕,

반드시 해야 할 일이 없고〔无必〕,

단단한 고집이 없고〔无固〕,

마침내 '나'가 없던〔无我〕 공자는

그때 그랬듯이 지금도 천국에 살 것이다.

56

아는 자 말하지 않고 말하는 자 알지 못한다.

구멍을 막아 문을 닫고

날카로움을 무디게 하여 얽힘을 풀고

빛을 부드럽게 하여 티끌과 하나로 된다.

이를 일러 그윽하게 같아진다고 하니,

가까이 갈 수 없어 멀리 떨어질 수도 없고

이롭게 할 수 없어 해롭게 할 수도 없고

귀하게 여길 수 없어 천하게 여길 수도 없다.

그래서 천하의 귀한 것이 된다.

知者不言, 言者不知. 塞其兌, 閉其門, 挫其銳, 解其紛, 和其光,
同其塵, 是謂玄同. 不可得而親, 不可得而疎, 不可得而利, 不可得
而害, 不可得而貴, 不可得而賤, 故爲天下貴.

아는 사람 말하지 않는다고 지금 말하고 있다.

그럼 노자는 모르는 사람인가?

(말을 새겨들을 일이다.)

사람이 무엇으로 태양을 더 밝게 하며,

사람이 무엇으로 밤하늘을 더 어둡게 하랴?

사자는 이리를 겁주지만 이리는 사자를 겁주지 못한다.

도道를 모시고 사는 사람을 누가,

무슨 비난으로 더럽히며

어떤 칭찬으로 빛나게 할 것인가?

57

바로잡음〔正〕으로 나라를 다스리고

속임수〔奇〕로 군대를 부리지만,

따로 하는 일 없음으로 천하를 취한다.

천하가 그러한 줄을 내가 어떻게 아는가?

천하에 막고 꺼리는 것이 많으면 백성이 더 가난해지고

백성들 가운데 쓸 만한 그릇이 많으면 나라가 더 어두워지고

사람들이 잔꾀를 많이 부리면

괴상한 물건들이 더 많이 생겨나고

법이 더욱 까다로워지면 도적이 더 많이 늘어난다.

그런 까닭에 성인이 이르기를,

내가 일을 만들어 하지 않으니 백성이 절로 교화敎化되고

내가 고요함을 좋아하니 백성이 절로 바르게 되고

내가 따로 하는 일이 없으니 백성이 절로 부유해지고

내가 욕심이 없으니 백성이 절로 순박해진다고 했다.

以正治國, 以奇用兵, 以無事取天下. 吾何以知其然哉, 以此. 天下
多忌諱, 而民彌貧, 民多利器, 國家滋昏, 人多技巧, 奇物滋起, 法
令滋彰, 盜賊多有. 故聖人云, 我無爲而民自化, 我好靜而民自正,
我無事而民自富, 我無欲而民自樸.

사람이 썩어서 강江이 썩는 것인데,

썩은 사람은 그냥 두고 강바닥만 파헤치면

그 강이 어찌 될 것인가?

더 괴상하게 고약하게 썩어가겠지.

분명한 사실 하나,

인종만 없어지면 지구는 곧장 무공해 초록별로 돌아가리라는.

58

다스림이 엉성하면 백성이 순박해지고,

다스림이 꼼꼼하면 백성이 불평불만으로 일그러진다.

화禍는 복福이 기대어 있는 곳이요,

복은 화가 숨어 있는 곳이다.

누가 그 끝을 알겠는가?

옳고 그릇됨이 따로 없으니,

옳음이 속임수로 되고 좋은 것이 재앙으로 된다.

사람이 어리석은 지가 참으로 오래되었구나.

그래서 성인은 반듯하면서 자르지 않고

모나면서 상처 입히지 않고

곧으면서 뻗치지 않고

빛나면서 번쩍거리지 않는다.

其政悶悶, 其民淳淳, 其政察察, 其民缺缺. 禍兮福所倚, 福兮禍所伏. 孰知其極. 其無正耶, 正復爲奇, 善復爲妖. 人之迷也, 其日固久矣. 是以聖人, 方而不割, 廉而不劌, 直而不肆, 光而不耀.

다스림이 엉성하다는 말은,

다스리는 자가 엉성하다는 말이 아니라

그에게 큰 '믿음'이 있다는 말이다.

백성과 하늘과 땅에 대한 믿음이 클수록

그 행동은 엉성해지고,

반대로 믿음이 작을수록 꼼꼼해진다.

하늘이 만사에 끝없이 너그럽고 부드러운 까닭은

거기에 "모든 것을 덮어주고 모든 것을 믿고

모든 것을 바라고 모든 것을 견디어내는"

사랑이신 하느님이 계시기 때문이다.

정치를 어수룩하게 하느냐 꼼꼼하게 하느냐는 문제가 아니다.

다스리는 자에게 자기 자신과 백성에 대한 믿음이

얼마만큼 있느냐, 그것이 문제다.

59

사람 다스리고 하늘 섬기는 데 아낌〔嗇〕만 한 것이 없다.

오직 아낄 따름이니,

이를 가리켜 일찍 무릎 꿇는다고 한다.

일찍 무릎 꿇는 것을 가리켜 덕을 두터이 쌓는다고 한다.

덕을 두텁게 쌓으니 이기지 못할 것이 없고

이기지 못할 것이 없으니 그 끝을 모르고

그 끝을 모르니 나라를 가질 수 있다.

나라에 어미가 있으면 오래갈 수 있다.

이를 가리켜 뿌리가 깊고 기둥이 튼튼해서

오래 살고 오래 보는 도道라 한다.

治人事天, 莫若嗇. 夫惟嗇, 是謂早復. 早復, 謂之重積德. 重積德
則無不克, 無不克則莫知其極, 莫知其極, 可以有國. 有國之母, 可
以長久. 是謂深根固柢, 長生久視之道.

쓸 수 없어서 못 쓰는 것은 아끼는 게 아니다.

쓸 수 있어도 안 쓰는 게 아끼는 것이다.

궁핍한 가난은 복된 가난이 아니다.

여유로운 가난이 복된 가난이다.

이길 수 있는데 무릎을 꿇는 것이 겸손이다.

힘이 없어서 무릎을 꿇는 것은 패배다.

아무리 좋은 일도 하지 않을 수 있으면 하지 않는다.

힘이든 시간이든 최소한도로 아껴 쓰는 것이 자연의 경제다.

아낌〔嗇〕으로 사람을 다스리고 하늘을 섬긴다는 말은,

자연의 원리로 그렇게 한다는 말이다.

60

큰 나라 다스리기를 작은 생선 조리듯이 한다.

도道로 천하에 나아가면 귀신이 신통력을 부리지 않는다.

귀신이 신통력을 부리지 않는 게 아니라

그 신통력으로 사람을 다치지 않는 것이다.

귀신의 신통력만 사람을 다치지 않는 게 아니라

성인도 사람을 다치지 않는다.

이 둘이 서로 다치지를 아니하니

그런 까닭에 덕德이 엇비껴 그리로 돌아간다.

治大國, 若烹小鮮. 以道蒞天下, 其鬼不神. 非其鬼不神, 其神不傷人. 非其神不傷人, 聖人亦不傷人. 夫兩不相傷, 故德交歸焉.

작은 생선을 제대로 조리려면
해야 할 일이 있고 하지 말아야 할 일이 있다.
해야 할 일은 알맞은 열을 가하는 것이요
하지 말아야 할 일은 생선을 집적거리는 것이다.

조리면서 내버려둬라.
이것이 생선을 제대로 조리는 비결이다.
통치하면서 억누르지 마라.
이것이 나라를 제대로 다스리는 비결이다.
보살피면서 간섭하지 마라.
이것이 참된 사랑의 비결이다.

61

큰 나라가 아래로 내려가니,

천하가 모여드는 천하의 암컷이다.

암컷은 언제나 고요하여 수컷을 이긴다.

고요하면 내려가게 마련이니, 그런 까닭에,

큰 나라는 작은 나라로 내려감으로써 작은 나라를 취하고,

작은 나라는 큰 나라로 내려가 큰 나라를 취한다.

그러기에 이는 내려감으로써 취하고 저는 내려가서 취한다.

큰 나라는 사람들을 아울러 돌보려는 것일 뿐이요,

작은 나라는 들어가서 사람들을 섬기려는 것일 뿐이다.

무릇 이 둘이 저마다 바라는 바를 얻고자 한다면

마땅히 큰 나라가 아래로 내려가야 한다.

大國者下流, 天下之交, 天下之牝. 牝常以靜勝牡. 以靜爲下, 故大
國以下小國, 則取小國, 小國以下大國, 則取大國. 故或下以取, 或
下而取. 大國不過欲兼畜人, 小國不過欲入事人. 夫兩者各得其所
欲, 故大者宜爲下.

중국이 한국 아래로 내려오면

한국은 중국을 얻고 중국도 한국을 얻는다.

한국이 중국 아래로 내려가면

중국은 한국을 얻고 한국도 중국을 얻는다.

중국은 한국 사람들까지 아울러 돌보려는 것일 뿐이요

한국은 중국 사람들까지 함께 섬기려는 것일 뿐이다.

해서, 천하가 태평성대를 누리는 것이다.

이렇게 꿈같은 낙원을 이루려면,

마땅히 중국이 한국 아래로 내려와야 한다.

시방 돌아가는 형국으로 봐서는,

억만 년을 기다려도 이루어질 수 없는 일 같다.

하지만 하늘나라가 이 땅에서 이루어지려면 다른 길이 없다.

이곳에서는 모든 관계가 어쩔 수 없이

큰 것들과 작은 것들 사이에서 이루어지기 때문이다.

나는 누구에게 작은 자며 누구에게 큰 자인가?

마땅히 내가 할 일은 나보다 작은 자에게,

그의 아래로 먼저 내려가는 것이다.

62

도道는 만물의 아랫목이니 선한 사람의 보화요

선하지 않은 사람도 그로써 보존된다.

아름다운 말은 시장에 팔 수 있고

훌륭한 행실은 사람들에게 권할 수 있거니와

사람이 선하지 않다 하여 그를 버릴 수 있겠는가?

그런 까닭에 천자天子를 세우고 삼공三公을 두어

보물을 안고 사두마차를 탄다 하여도,

이 도道에 앉아서 나아감만 못한 것이다.

옛적 사람들이 도를 귀히 여긴 것은 어째서인가?

구하면 얻고 죄가 있어도 면한다 하지 않는가?

그래서 천하가 귀하게 여기는 것이다.

道者萬物之奧, 善人之寶, 不善人之所保. 美言可以市, 尊行可以加
人, 人之不善, 何棄之有. 故立天子, 置三公, 雖有拱璧以先駟馬,
不如坐進此道. 古之所以貴此道者何, 不曰求以得, 有罪以免耶. 故
爲天下貴.

내 꿈에 등장하는 모든 것이 내가 만든 것들이다.

꿈에 내가 누구에게 맞았다면 맞은 자와 때린 자가 모두 나다.

내가 나한테 맞고 내가 나를 때린 것이다.

먼저 깨치신 이들이 말한다,

우리가 '현실'로 알고 있는 이것이 모두 '꿈'이라고.

그렇다면 이 글을 쓰는 나도 나의 한 모습이고

이 글을 읽는 그대도 나의 한 모습이다.

바로 그 '나'를 노자는 가끔 '도'라고 부른다.

도라는 이름으로 불리기도 하고,

하느님이라는 이름으로 불리기도 하고,

'무無'로 통하기도 하는 그 '나'는,

눈이 눈동자를 보지 못하듯이,

온갖 모습을 한 수많은 '나'들의 아랫목에

깊숙이 숨어 있어서 보이지 않는다.

슬기로운 사람만이 그 존재를 느낀다.

그러나 그를 알지 못한다 해서,

그를 느끼지 못한다 해서,

업신여기거나 깔볼 것도 아니다.

나를 느끼지 못하는 나도 나의 한 모습이다.

63

하지 않음으로 한다.

일 없음으로 일을 삼는다.

맛 없음으로 맛을 낸다.

크고 작고 많고 적음이 하나다.

원수를 덕으로 갚는다.

쉬운 일로 어려운 일을 꾀한다.

작은 일로 큰일을 이룬다.

천하의 어려운 일이 반드시 쉬운 일에서 비롯되고

천하의 큰일이 반드시 작은 일에서 만들어진다.

그래서 성인은 끝까지 일을 크게 하지 않고

그런 까닭에 마침내 큰일을 이룬다.

가벼이 승낙하면 반드시 신망을 잃게 마련이요

만사를 쉽게만 하면 반드시 만사가 어려워지게 마련이다.

그래서 성인은 오히려 어렵게 여기고

그런 까닭에 끝까지 어려움을 당하지 않는다.

爲無爲. 事無事. 味無味. 大小多少. 報怨以德. 圖難於其易. 爲大
於其細. 天下難事, 必作於易, 天下大事, 必作於細. 是以聖人終不
爲大, 故能成其大. 夫輕諾必寡信, 多易必多難. 是以聖人猶難之,
故終無難.

무거운 것을 들다가 허리를 다치는 경우는

대개 물건을 가볍게 여기고 들었다가 그렇게 된다.

무겁고 가볍고 크고 작은 것이 어디 따로 있는 게 아니다.

무겁게 여기고 가볍게 여기는 마음이 있을 따름인데,

가벼운 것을 무겁게 여기면 큰 탈이 없지만

무거운 것을 가볍게 여기면 탈이 나게 마련이다.

성인이 매사에 신중하여 겨울 냇물 건너듯이 하는 것은

엄살을 부리는 것도 미리 겁을 먹는 것도 아니다.

적고 많고 작고 큰 것을 모두 하나로 알아,

오직 도道로써 대하기 때문에 그러는 것이다.

64

가만있는 것을 지니기 쉽고

낌새가 드러나지 않은 것을 꾀하기 쉽고

부드러운 것을 가려내기 쉽고

여린 것을 흩어버리기 쉽다.

미처 모양을 갖추기 전에 일하고

어지럽기 전에 다스린다.

아름드리나무가 털끝 같은 싹에서 나오고

9층 건물이 한 삼태기 흙 위에 서고

천릿길이 한 걸음으로 시작된다.

하는 자는 실패하고 잡는 자는 잃는다.

성인은 아무것도 하지 않아서 실패하지 않고

아무것도 잡지 않아서 잃지 않는다.

마침을 처음처럼 신중하게 하면 실패할 일이 없다.

성인은 아무것도 바라지 않기를 바라는지라

얻기 힘든 보화를 귀하게 여기지 않고,

아무것도 안 배우기를 배우는지라

뭇사람이 저지른 잘못을 바로잡아준다.

이렇게 만물이 절로 그러하도록 도와주는데,

그 일 또한 함부로 하지 않는다.

其安易持，其未兆易謀，其脆易泮，其微易散，爲之於未有，治之於未亂．合抱之木，生於毫末，九層之臺，起於累土，千里之行，始於足下．爲者敗之，執者失之．聖人無爲，故無敗，無執，故無失．民之從事，常於幾成而敗之，愼終如始，則無敗事．是以聖人，欲不欲，不貴難得之貨，學不學，復衆人之所過．以輔萬物之自然，而不敢爲．

처음에는 누구나 자연의 길을 좇아 제대로 한다.

그래서 사람들의 칭찬도 받고 기대도 모은다.

그러다가 거의 완성되었을 때 스스로 일을 망쳐놓는다.

왜들 그러는 걸까?

처음에 가졌던 신중함을 끝내 유지하지 못했기 때문이다.

성공하려는 욕심이 일에 앞서면

그 욕심이 걸림돌 되어 일을 망치게 된다.

처음에 순박했으면 나중에도 순박할 일이다.

처음에 가벼이 했으면 나중에도 가벼이 할 일이다.

처음에 깨끗했으면 나중에도 깨끗할 일이다.

처음에는 왜 일이 쉬웠을까?

신중했기 때문이다.

나중에는 왜 일이 어려워졌을까?

신중하지 않았기 때문이다.

성인은 처음부터 나중까지 신중하다.

그래서 그렇지 못한 사람의 잘못을 바로잡는다.

그 바로잡는 일 또한 자연스런 행동일 뿐,

억지로 함부로 하는 것이 아니다.

사람 '몸'은 처음부터 끝까지 한결같은데,

그래서 누구나 알몸으로 왔다 알몸으로 가는데,

그런데 '사람'은 왜 그렇지 못한 걸까?

아아, '사람'이 사람 '몸'에 미치지 못하는구나,

자연의 길을 좇아서 가는 일에는!

65

옛적에 도道를 잘 행한 사람은,

백성을 똑똑하게 만들지 않고 오히려 어수룩하게 만들었다.

백성을 다스리기 어려운 것은 꾀가 많아서다.

그런 까닭에 꾀로 나라를 다스리는 자는 나라의 적賊이요

꾀로 나라를 다스리지 않는 것은 나라의 복이다.

이 둘을 다 아는 것이 요긴한 법식法式인데,

법식을 잘 알면 일컬어 그윽한 덕[玄德]이라고 한다.

그윽한 덕은 깊고 멀어서,

모든 것들과 함께 돌이켜 대자연에 순順한다.

古之善爲道者, 非以明民, 將以愚之. 民之難治, 以其智多. 故以智
治國, 國之賊, 不以智治國, 國之福. 知此兩者亦楷式, 能知楷式,
是謂玄德. 玄德, 深矣, 遠矣, 與物反矣, 乃至於大順.

대한제국의 오적五賊은 어려서부터 영특한 인재들이었다.

그들이 그렇게 똑똑하지 않았더라면

나라 팔아먹은 도적으로 되지 않았을 것이다.

사람의 재질이 덕德을 능가함은,

누구보다도 자신을 위해서 불행한 일이다.

잔꾀가 잔꾀를 낳고 그 잔꾀가 다시 잔꾀를 부려

결국 제 꾀에 넘어가고 만다.

성인 바울로는 말한다.

"정말 지혜로운 사람이 되려면 바보가 되어야 합니다.

이 세상의 지혜는 하느님이 보시기에는 어리석은 것입니다."

66

강과 바다가 모든 골짜기의 왕인 까닭은

그것들보다 낮은 곳에 있기 때문이다.

그래서 모든 골짜기의 왕으로 될 수 있는 것이다.

성인은 말을 낮추어 함으로써 사람들 위로 오르려 하고

몸을 뒷전에 둠으로써 사람들 앞으로 나서려 한다.

그래서 자기들 위에 있지만 사람들이 무거워하지 않고

자기들 앞에 있지만 사람들이 해를 입지 않는다.

그러므로 천하가 기꺼이 받들면서 싫증내지 않는다.

오직 다투지 않는 까닭에,

천하가 그와 더불어 다투지 못한다.

江海所以能爲百谷王者, 以其善下之. 故能爲百谷王. 是以聖人, 欲上民, 必以言下之, 欲先民, 必以身後之. 是以聖人, 處上而民不重, 處前而民不害. 是以天下樂推而不厭. 以其不爭, 故天下莫能與之爭.

충주 사람들은 남한강으로 살고 서울 사람들은 한강으로 산다.
서울 사람들이 충주 사람들보다 '깊은' 물로 사는 것은
그들이 저들보다 '낮은' 땅에 있기 때문이다.

충주 사람들과 서울 사람들은 다툴 수 있지만,
남한강과 한강은 다투지 않는다.
사람들은 경우에 따라 서로 남남일 수 있지만,
한강과 남한강은 그럴 수 없기 때문이다.

67

천하가 말하기를, 내 길이 크지만 아닌 것 같다고 한다.

다만 크기 때문에 아닌 것처럼 보이는 것이다.

만약 그렇게 보였다면 자잘해진 지 오랠 것이다.

내게 세 가지 보물이 있어 소중하게 지니고 있거니와,

하나는 부드러움이요

둘은 욕심 없음이요

셋은 감히 사람들 앞에 나서지 않는 것이다.

부드러워서 용감할 수 있고

욕심 없어서 널리 벋을 수 있고

감히 사람들 앞에 나서지 않아서 우두머리가 될 수 있다.

지금 부드러움을 버리고 용감하고자 하거나

욕심을 내면서 널리 벋고자 하거나

뒤로 물러나지 않고 앞장서고자 하는 것은 곧 죽음이다.

부드러움으로써 싸우면 이기고 지키면 든든하다.

하늘이 장차 그를 구하고자 하여 부드러움으로 감싸준다.

天下皆謂我道大似不肖. 夫惟大, 故似不肖, 若肖, 久矣其細也夫.
我有三寶, 寶而持之, 一曰慈, 二曰儉, 三曰不敢爲天下先. 慈故能
勇, 儉故能廣, 不敢爲天下先故能成器長. 今舍慈且勇, 舍儉且廣,
舍後且先, 死矣. 夫慈以戰則勝, 以守則固. 天將救之, 以慈衛之.

성인은 결코 어수룩하지 않다.

그래서 언제나 '열매' 대신 '씨'를 잡는다.

흐르는 세월과 함께,

씨는 부드러워지고 열매는 단단해진다.

68

훌륭한 무사는 무력武力을 쓰지 않는다.

잘 싸우는 자는 성내지 않는다.

적을 잘 이기는 자는 싸우지 않는다.

사람을 잘 부리는 자는 그 아래로 내려간다.

이를 일러 싸우지 않는 덕德이라 하고,

이를 일러 사람을 부리는 힘이라 하고,

이를 일러 하늘에 짝한다 하거니와,

모두가 옛적의 지극함이다.

善爲士者不武. 善戰者不怒. 善勝敵者不與. 善用人者爲下之. 是謂
不爭之德, 是謂用人之力, 是謂配天, 古之極.

먹구름이 무거워도 하늘을 누르지는 못한다.

네가 아무리 불을 질러도,

내 속에 화약고가 없으면 나를 불태울 수 없다.

하느님 일을 한다는 사람이,

자기가 정말 하느님 일을 하고 있는 건지,

혹은 자기 욕심을 채우고 있는 건지 알고 싶으면,

무슨 일을 하다가 그 일이 좌절되었을 때

자기가 어떤 반응을 보이는지 살펴보면 알 수 있다.

성이 나서 투덜거리며 자기든 남이든 원망하고 탓한다면,

그 사람 그동안 하느님 일을 한 것이 아니다.

69

군대를 부리는 데 하는 말이 있으니,

용감하게 주인 노릇 하지 말고 나그네가 되며

용감하게 한 치 나아가지 말고 한 자 물러서라고 했다.

이를 일러, 나아가는데 나아감이 없고

팔을 휘젓는데 어깨가 없고

맞서는데 적이 없고

움켜잡는데 병기兵器가 없다고 한다.

적을 가벼이 여기는 것보다 큰 화가 없으니

적을 가벼이 여기면 이쪽의 보물을 거의 잃게 된다.

그러므로 군대가 맞서 싸울 때에는 슬퍼하는 자가 이긴다.

用兵有言, 吾不敢爲主而爲客, 不敢進寸而退尺. 是謂行無行, 攘無
臂, 仍無敵, 執無兵. 禍莫大於輕敵, 輕敵幾喪吾寶. 故抗兵相加,
哀者勝矣.

살다보면 피치 못할 일이 생기게 마련이다.

전쟁이 그것이다.

어쩔 것인가?

팔을 걷고 병기를 잡고 나아가 적을 맞는 수밖에.

노자의 가르침은 인간의 현실을 외면하거나 무시하지 않는다.

현장을 떠난 어디에 도道가 있는 것이 아니기 때문이다.

다만, 신명이 나서 싸움터로 나아가지 말고

마지못해 슬픈 마음으로 적을 대하라는 것이다.

전쟁 목적이 적을 이기는 데 있지 않고

이쪽의 보물을 잃지 않는 데 있기 때문이다.

70

내 말은 매우 알기 쉽고 매우 하기 쉬운데

천하가 잘 알지 못하고 잘 하지 못한다.

말에는 밑동이 있고 일에는 머리가 있거니와,

다만 그것을 몰라서 나를 모르는 것이다.

나를 아는 자 드물고, 나를 본받는 자 귀하다.

성인은 누더기를 걸치고 보물을 품는다.

吾言甚易知甚易行, 天下莫能知莫能行. 言有宗, 事有君, 夫惟無知,
是以不我知. 知我者希, 則我者貴矣. 是以聖人被褐懷玉.

사람이 잘못을 저지르는 것은 당연한 일이다.

잘못한 사람이 자신과 세상을 편하게 하는 방법은 쉽다.

자기가 저지른 잘못을 시인하고,

사람들에게 용서를 빌고,

책임져야 할 경우면 책임을 지는 것이다.

그런데 그게 너무 쉬워서

그래서 그렇게 못하는 사람이 많다.

사람들이 쉽게 살 수 있는 길을 외면하고

애써 어렵게만 살려고 하니 참으로 모를 일이다.

71

알면서 모르는 것이 으뜸이요 모르면서 아는 것이 병이다.

오직 병을 병으로 아는지라 그래서 병을 앓지 않는다.

성인은 병을 앓지 않는다.

병을 병으로 알아서 그래서 병을 앓지 않는 것이다.

知不知上, 不知知病. 夫惟病病, 是以不病. 聖人不病. 以其病病,
是以不病.

가득 채워진 그릇에 무엇을 담을 수 있으랴?

빈 그릇에 담을 수 있듯이,

모르는 자만이 배울 수 있다.

성인은 자기가 아무것도 모른다는 사실을 안다.

그러기에 바다가 강물을 받아들이듯이,

날마다 새로운 지식을 받아들인다.

그래도 지식이 그를 채우지 못하는 것은,

알고 있는 것들을 고집하지 않아서다.

그래서 성인은 영원한 학생이다.

백성이 위엄을 겁내지 않게 되면 큰 위엄이 닥친다.

지금 있는 곳을 좁다 여기지 말고

지금 사는 곳을 싫증 내지 마라.

다만 싫증을 내지 않아서, 그래서 싫증나지 않는 것일 뿐이다.

이로써 성인은 스스로 알되 스스로 드러내지 않으며

스스로 사랑하되 스스로 귀하게 여기지 않는다.

그러므로 저것을 버리고 이것을 취한다.

民不畏威, 大威至矣. 無狹其所居, 無厭其所生. 夫惟不厭, 是以不
厭. 是以聖人, 自知不自見, 自愛不自貴. 故去彼取此.

윗자리에 있는 자는 지금 사는 곳을 좁다 여기지 말고
하루하루 사는 일에 싫증을 내지 말아야 한다.
저 혼자 살다가 저 혼자 가는 세상이라면 무슨 상관이 있으랴만,
세상이 그런 세상이 아니기에 하는 말이다.

73

용勇하고 감敢하면 죽이고 용하고 감하지 않으면 살린다.

이 둘이 혹은 이롭고 혹은 해롭거니와

하늘이 싫어하는 바 그 까닭을 뉘 알겠는가?

그래서 성인이 오히려 이를 어렵게 여긴다.

하늘 길은 싸우지 않고 잘 이기며

말하지 않고 잘 응하며

부르지 않아도 스스로 오고

느긋한 것 같은데 빈틈이 없다.

하늘 그물은 넓고 넓어서 성기어도 빠뜨리는 게 없다.

勇於敢則殺, 勇於不敢則活. 此兩者, 或利或害, 天之所惡, 孰知其
故. 是以聖人, 猶難之. 天之道, 不爭而善勝, 不言而善應, 不召而
自來, 繟然而善謀. 天網恢恢, 疎而不失.

폭포는 용감하다, 천길 낭떠러지를 겁내지 않는다.

그러나 우리 눈에 그리 보일 뿐이다.

실은 머뭇거릴 만큼 머뭇거리다가 마지못해 떨어지는 것이다.

떨어지는 폭포가 깊은 못의 고요함을 잃지 않았음은

놀랄 일이 아니다.

우리 눈에 보이는 현상의 마술에서 벗어나면

천하에 고요하지 않은 것이 없고

제 길을 삼가 조심하지 않는 게 없다.

하늘 그물이 성기어도 빈틈이 없음은

하늘이 어디 따로 존재하지 않기 때문이다.

하늘은 스스로 살지 않으면서 모든 것을 살게 한다.

그래서 도둑으로 하여금 도둑을 맞게 한다.

사람이 무엇을 하든지 결국 저한테 하는 것이기 때문이다.

74

백성이 죽기를 겁내지 않는데

죽음으로 그들을 겁줄 수 있겠는가?

사람들로 하여금 죽음을 겁내게 하면서 괴상한 짓 하는 자들을

우리가 잡아서 죽이면 누가 감히 그렇게 하겠는가?

언제나 죽이는 일 맡은 이가 있어서 사람을 죽이거니와

어떤 사람이 죽이는 일 맡은 이를 대신하여 죽이면

이는 큰 목수 대신 나무를 깎는 것이요,

큰 목수 대신 나무를 깎으면

그 손을 다치지 않는 경우가 드물다.

民不畏死, 奈何以死懼之. 若使民常畏死, 而爲奇者, 吾得執而殺之,
孰敢. 常有司殺者殺, 夫代司殺者殺, 是謂代大匠斲, 夫代大匠斲者,
希有不傷手矣.

정치를 오죽 못했으면 백성이 죽음을 겁내지 않을까?

그래놓고서 형벌을 엄하게 한들

터진 둑을 밖에서 막으려는 것과 같아 소용이 없다.

정치를 잘하여 백성이 오래 살고 싶도록 만드는 일이 먼저다.

그래도 괴상한 짓을 하는 자들은 있게 마련이다.

그럴 경우 그들을 벌할 수 있긴 하지만

사형만큼은 반드시 삼가야 한다.

사람이 사람을 죽이는 일은,

그가 무슨 엄청난 죄를 지었다 하더라도,

사람의 할 짓이 아닌 것이다.

75

백성이 굶는 것은 위에서 세금을 많이 먹기 때문이다.

그래서 굶는다.

백성을 다스리기 힘든 것은 위에서 일을 만들어 하기 때문이다.

그래서 다스리기 힘들다.

백성이 죽음을 가벼이 여김은 어떻게든지 살려고 하기 때문이다.

그래서 죽음을 가벼이 여긴다.

다만 일삼아 삶을 꾀하지 말 것이니,

그것이 삶을 귀하게 여기는 것보다 현명하다.

民之飢, 以其上食稅之多, 是以飢. 民之難治, 以其上之有爲, 是以
難治. 民之輕死, 以其上求生之厚, 是以輕死. 夫惟無以生爲者, 是
賢於貴生.

사는 일 자체를 죽기 살기로 하니 만사가 힘들지 않을 수 없다.

내가 만든 세상도 아니요 내가 만든 목숨도 아닌데,

게다가 태어난 이상 죽는 날까지 안 살 수도 없는 인생인데,

되는 일을 되는 만큼 하고 안 되는 일은 하지 않고,

그렇게 산다면 사는 게 힘들 이유가 없다.

세상이 이토록 어지럽고 힘겨운 까닭은

자연의 일부인 사람이 자연스럽게 살고자 하지 않아서다.

힘들여 열매 맺는 나무 없고 힘들여 흐르는 물 없다.

사람만이 사는 게 힘들다 한다.

76

사람이 살아 있으면 부드럽고 약하다.

죽으면 단단하고 강하다.

풀과 나무가 살아 있으면 부드럽고 여리다.

죽으면 딱딱하게 마른다.

그러므로 단단하고 강한 것은 죽은 무리요

부드럽고 약한 것은 산 무리다.

그래서 군대가 강하면 이기지 못하고,

나무가 강하면 베어 넘겨진다.

크고 강한 것은 아래에 있고

부드럽고 약한 것은 위에 있다.

人之生也柔弱. 其死也堅强. 萬物草木之生也柔脆. 其死也枯槁. 故
堅强者死之徒, 柔弱者生之徒. 是以兵强則不勝, 木强則共. 强大處
下, 柔弱處上.

거꾸로 된 세상을 바로 세우는 길은 뒤집는 것이다.

그래서 성인은 세상을 거꾸로 산다.

강하고 단단한 것이 숭배 받는 세상에서

약하고 부드럽게 살라고 한다.

당분간은 오히려 힘들겠지만 그래도,

죽음이 아니라 삶으로 가려면 그 길밖에 없다.

77

하늘 도道여, 활을 당기는 것과 같구나.

높은 데는 내리누르고 낮은 데는 들어올린다.

남는 것은 덜어내고 모자라는 것은 보탠다.

하늘 길은 남는 것을 덜어 모자라는 것을 보태는데,

사람의 도는 그렇지 아니하여

모자라는 것을 덜어 남는 것을 보탠다.

누가 능히 남는 것을 덜어 천하를 섬길 것인가?

오직 도를 모신 자라야 그럴 수 있다.

그러기에 성인은 일을 하고 기대하지 않으며

공을 이루고 머물러 있지 않거니와,

이는 잘난 자기를 보여주지 않는 것 아니겠는가?

天之道, 其猶張弓乎. 高者抑之, 下者擧之. 有餘者損之, 不足者補
之. 天之道, 損有餘而補不足, 人之道則不然, 損不足以奉有餘. 孰
能有餘以奉天下, 唯有道者. 是以聖人, 爲而不恃, 功成而不處, 其
不欲見賢耶.

'광야에서 외치는 자의 소리'인 세례자 요한에게 맡겨진 일은
'주의 길을 평탄케 하는' 것이었다.

길을 평탄케 한다는 것은

높은 데를 낮추고 낮은 데를 높인다는 말이다.

요한은 그 일을 어떻게 감당했던가?

세상의 높은 데를 낮추고 낮은 데를 높이려고

요한은 따로 무슨 일을 했던가?

없다.

아무 일도 하지 않았다.

다만 '광야에서 외치는 자'가 소리를 낼 수 있도록

자기를 온전히 내맡겼을 뿐이다.

요한을 자기 '소리'로 삼은 '광야에서 외치는 자'는 어디 있는가?

요한 바깥에서 그를 찾으려 하지 말 것이다.

78

천하에 물보다 부드럽고 약한 것이 없지만

단단하고 강한 것을 이기는 데 물을 앞서는 것이 없다.

어떤 무엇으로도 그것을 바꿀 수 없기 때문이다.

그래서 부드러움이 단단함에 이기고

약함이 강함에 이기는 것을

세상 사람들이 모르지 않는데 다만 그렇게 못할 뿐이다.

이로써 성인이 말하기를,

나라의 허물을 받아들이면 일컬어 사직社稷의 주인이라 하고

나라의 재난을 받아들이면 일컬어 천하의 왕이라 하였다.

바른 말은 거꾸로 된 말처럼 들린다.

天下莫柔弱於水, 而攻堅强者, 莫之能勝, 以其無以易之. 弱之勝强,
柔之勝剛, 天下莫不知, 莫能行. 是以聖人云, 受國之垢, 是謂社稷
主, 受國之不祥, 是謂天下王. 正言若反.

세상에 있는 모든 것이 마침내 없어지는 까닭은
그것들이 죄다 없음〔無〕에서 나왔기 때문이다.
없음이란 무엇의 부재不在가 아니라
제 안에 모든 것을 담은 허虛요 공空이다.
부드러울수록 없음에서 나온 지 얼마 안 되었고
단단할수록 없음으로 돌아갈 날이 얼마 안 남았다.
부드러움과 단단함이 없음에서 멀지 않기는 마찬가지나
하나는 산등성이에 걸쳐 떠오르는 해요
다른 하나는 산등성이에 걸쳐 떨어지는 해다.

세상에 싸움이 없으면 좋겠지만
싸우지 않을 수 없으면
져주는 것이 이기는 것이다.
지는 게 아니라 져주는 것이다.
사람들이 그러지 못하는 게 아니다.
스스로 그러지 않는 것이다.

79

큰 원怨을 풀어도 반드시 남는 원이 있다.

어찌 잘하는 일이라 하겠는가?

성인은 좌계左契를 잡아, 남을 책하지 않는다.

그러므로 덕 있는 사람은 계契를 쓰고

덕 없는 사람은 철徹을 쓴다.

하늘 길은 따로 친한 사람이 없지만,

언제나 착한 사람 곁에 있다.

和大怨, 必有餘怨. 安可以爲善. 是以聖人, 執左契而不責於人. 有
德司契, 無德司徹. 天道無親, 常與善人.

아무리 아름답게 화해를 했어도 싸우지 않은 것만 못하다.

그런데, 싸우고 나서 화해하는 것과 싸우지 않는 것,

이 둘 가운데 어느 쪽이 더 쉬운가?

싸우고 나서 화해하는 것보다 싸우지 않는 것이 더 쉽고

원수를 맺고 화친하는 것보다 원수를 맺지 않는 쪽이 더 쉽다.

노자의 가르침이란 다른 게 아니다.

쉬운 길을 쉽게 가라는 것이다.

자연自然은 "저절로[自] 그러함[然]"이다.

'저절로'니까 따로 할 일이 없고

따로 할 일이 없으니 힘들 까닭이 없다.

좌계左契를 잡는다는 말은 채무자가 된다는 뜻이다.

철徹을 쓴다는 말은 강제로 빼앗는다는 뜻이다.

(옛적에 금전 거래를 하면서 나무로 증권을 만들어 반으로 쪼개고 왼쪽은

채무자가, 오른쪽은 채권자가 가졌음.)

80

작은 나라에 적은 백성.

열 사람 백 사람 몫을 하는 그릇이 있어도 쓰일 데가 없다.

백성으로 하여금 죽음을 무겁게 여겨 멀리 옮겨가지 않게 하고,

배와 수레가 있어도 그것을 타고 갈 데가 없고,

갑옷과 무기가 있어도 그것들을 펼칠 자리가 없고,

백성으로 하여금 옛날식으로 노끈을 꼬아 계산하게 한다.

먹는 음식을 달게 먹고 입은 옷을 아름답게 입고

있는 곳에 평안히 거하고 풍속을 즐긴다.

이웃나라와 서로 바라보고

닭과 개의 울음소리를 서로 듣는데

백성이 늙어 죽도록 서로 오가지 않는다.

小國寡民. 使有什佰之器而不用. 使民重死而不遠徒, 雖有舟輿, 無所乘之, 雖有甲兵, 無所陣之, 使民復結繩而用之. 甘其食, 美其服, 安其居, 樂其俗. 隣國相望, 鷄犬之聲相聞, 民至老死, 不相往來.

작은 나라에 적은 백성!

노자가 꿈에 그리는 낙원utopia이다.

자연 곧 규모規模다.

소나무는 소나무만큼 작고 콩새는 콩새만큼 크다.

양量 곧 질質이다.

마을의 크기가 마을의 성격을 결정짓는다.

도시는 도시 사람을 낳고 시골은 시골 사람을 기른다.

큰 나라 강한 군대〔大國強兵〕가 모든 나라의 목표인 세상에서

작은 나라 적은 백성〔小國寡民〕을 말하는

시골 늙은이의 외로움이 가슴을 저리게 한다.

과연 정언正言은 약반若反이라,

어떤 말이 시대의 흐름을 거스르면 그래서 바른말이다.

높아지려고 다투는 사람들에게 예수는 낮아지라고 하신다!

81

미더운 말은 미끈하지 않고 미끈한 말은 미덥지 않다.

잘하는 말은 유창하지 않고 유창한 말은 잘하는 말이 아니다.

아는 자는 많이 알지 않고 많이 아는 자는 알지 못한다.

성인은 쌓아두지 아니하니,

남을 위해서 사는데 자기가 더 있어지고

남에게 주는데 자기가 더 많아진다.

하늘 길은 이롭게 하면서 해치지 않고

성인의 길은 하면서 다투지 않는다.

信言不美, 美言不信. 善者不辯, 辯者不善. 知者不博, 博者不知.
聖人不積, 既以爲人, 己愈有, 既以與人, 己愈多. 天之道, 利而不
害, 聖人之道, 爲而不爭.

지금까지 말이 많았다.

그 가운데 한마디라도 겉치레로 꾸며서 한 말이 있던가?

그렇다면 내 말을 믿지 마라!

다만 나는 하늘의 길과 사람의 길을 말했을 따름인데,

본디 모든 길에 끝이 없는지라,

나를 관통하여 흐르는 말도 그칠 수가 없다.

그러므로 내 말은 여기에서 멈추지만 그치는 게 아니다.

거듭 말하거니와 말로 된 도道는 도가 아니다.

말에 걸리지 말고 길을 걸어라.

가지 않는 길은 길이 아니요 살지 않는 삶은 삶이 아니다.

마치며

밝아오는 '혁명'의 새아침을 내다보며,
늙은 젖먹이의 힘찬 선 소리에
더듬거리는 앉은 소리를 삼가 보탠다.

들리는 이는 들으시고
보이는 이는 보시라.

누가 뭐래도,
캄캄한 밤을 불러내어 통과하는
인류는 참으로 위대하다.

2013. 5. 30.

관옥觀玉